Angelomaria Alessio

DIALOGHI IPNOTICI

*Un modello costruttivista
per la psicoterapia moderna*

Quaderni Costruttivisti

Titolo | Dialoghi ipnotici. Un modello costruttivista per la psicoterapia moderna
Autore | Angelomaria Alessio

4

A mia mamma
per il suo continuo supporto

Quaderni Costruttivisti

La Collana *Quaderni Costruttivisti,*
diretta da Angelomaria Alessio,
si pone l'obiettivo di rendere accessibile
il sapere della psicoterapia costruttivista,
attraverso monografie brevi e semplici.

I grandi temi costruttivisti,
vengono tratteggiati nella loro complessità
in maniera sintetica e descrittiva,
per invogliare chi fosse interessato
ad approfondire nella bibliografia allegata.

Uno strumento agile e snello
per approcciare la prospettiva costruttivista

per rimanere aggiornati
e contattare il Curatore:
www.alessioresearch.it
a.alessio@alessioresearch.it

Prologo

Un giorno, mentre stavamo tornando da scuola, un cavallo senza cavaliere, con le briglie sul collo, superò al gran galoppo il nostro gruppo e si infilò nel cortile di una fattoria ... in cerca di un sorso d'acqua. Grondava sudore. Siccome il contadino non lo riconosceva, lo circondammo e lo immobilizzammo. Io gli saltai in groppa ... Dato che aveva le briglie, afferrai le redini gridando: "su, andiamo" ... E puntai verso la strada. Sapevo che il cavallo avrebbe preso la direzione giusta ... Ma non sapevo quale fosse la direzione giusta. Il cavallo trottava e galoppava. Ogni tanto si dimenticava di seguire la strada e prendeva per i campi. Allora tiravo le redini e richiamavo la sua attenzione sul fatto che era tenuto a restare sulla strada. Infine, dopo quattro miglia dal posto in cui lo avevo inforcato, entrò nel cortile di un'altra fattoria. Il contadino disse: "Ah, è così che si torna a casa! Dove l'hai trovato?". Dissi: "a circa quattro miglia da qui". "Come hai fatto a sapere che sarebbe venuto qui?". Dissi "non lo sapevo ... lo sapeva lui. Io non ho fatto altro che fargli mantenere l'attenzione sulla strada".

... Penso che sia questo il modo di fare psicoterapia.

Milton H. Erickson
Phoenix, Arizona
21 marzo 1978

Introduzione

L'ipnosi, da secoli strumento di esplorazione e trasformazione della mente umana, ha subito nel tempo un'evoluzione significativa, passando da pratiche antiche e mistiche a tecniche cliniche rigorosamente studiate e applicate nella psicoterapia moderna. In particolare, l'ipnosi costruttivista rappresenta una delle espressioni più avanzate e versatili di questa disciplina, combinando i principi del costruttivismo con le pratiche ipnotiche per offrire un approccio terapeutico altamente personalizzato e centrato sul paziente.

Questo testo, articolato in sei capitoli, esplora le fondamenta teoriche e le applicazioni cliniche dell'ipnosi costruttivista, delineando un percorso che va dalla comprensione storica e teorica fino alle prospettive future e agli sviluppi metodologici.

Il **primo capitolo** introduce alla storia e ai principi fondamentali dell'ipnosi costruttivista. Partendo dalle origini dell'ipnosi come pratica psicoterapeutica, traccia l'evoluzione di questa disciplina, mettendo in evidenza come l'approccio costruttivista, con la sua enfasi sulla co-costruzione di significati e sulla natura soggettiva della realtà, si differenzi dalle forme più tradizionali di ipnosi. Questa prospettiva si allinea con le teorie del costruttivismo in psicologia, in particolare quelle di autori come George A. Kelly e Jean Piaget, che hanno sottolineato l'importanza della costruzione soggettiva del mondo da parte dell'individuo.

Nel **secondo capitolo**, il focus si sposta sulla corrente costruttivista in psicoterapia. Viene esplorato come le strutture cognitive influenzino l'esperienza soggettiva e come l'ipnosi costruttivista possa intervenire su queste strutture per promuovere cambiamenti terapeutici, sottolineando l'importanza della ristrutturazione cognitiva e della narrazione nella costruzione dell'identità e del benessere psicologico, facendo riferimento a lavori fondamentali nel costruttivismo e nella psicoterapia narrativa, come quelli di Kelly e di Michael White e David Epston.

Il **terzo capitolo** fornisce una descrizione dettagliata delle tecniche ipnotiche costruttiviste, quali l'induzione ipnotica, la ristrutturazione cognitiva, la narrazione ipnotica e l'utilizzo delle metafore, con esempi pratici e casi clinici che illustrano come queste tecniche possano essere applicate in contesti terapeutici. L'accento è posto sulla personalizzazione dell'intervento e sulla flessibilità creativa del terapeuta, aspetti fondamentali per il successo del trattamento.

Il **quarto capitolo** si concentra sulle applicazioni cliniche dell'ipnosi costruttivista, analizzando il suo utilizzo nel trattamento dei disturbi d'ansia, della depressione, del trauma e delle dipendenze. Viene discusso come l'ipnosi costruttivista possa facilitare il cambiamento di prospettive e la costruzione di nuove realtà interne, offrendo un approccio terapeutico per affrontare una vasta gamma di problematiche psicologiche. L'integrazione di studi di casi clinici fornisce un quadro pratico di come questo approccio possa essere implementato efficacemente nella pratica clinica.

Nel **quinto capitolo**, viene esplorato il ruolo del terapeuta nella personalizzazione dell'intervento ipnotico. L'approccio centrato sul cliente, come proposto da Carl Rogers, viene presentato come un quadro teorico fondamentale per la personalizzazione del trattamento, insieme a considerazioni etiche essenziali. Il capitolo discute l'importanza di adattare le tecniche ipnotiche alle esigenze specifiche del paziente e di mantenere un alto livello di flessibilità e creatività nel processo terapeutico.

Il **sesto capitolo** riflette sulle potenzialità future dell'ipnosi costruttivista in psicoterapia, discutendo le nuove ricerche, le evoluzioni metodologiche, e le possibilità di integrazione con altre forme di terapia. Viene analizzato come l'ipnosi costruttivista possa evolversi attraverso l'integrazione con tecnologie emergenti, come la realtà virtuale, e come possa trovare nuove applicazioni cliniche attraverso l'integrazione con la terapia cognitivo-comportamentale, la terapia dialettico-comportamentale e la terapia narrativa.

La **conclusione** sottolinea il ruolo crescente dell'ipnosi costruttivista nella pratica clinica moderna, suggerendo un futuro promettente per questa disciplina in espansione.

Fondamenti
di ipnosi costruttivista

1.1 Cenni di storia dell'ipnosi

L'ipnosi è una pratica psicoterapeutica che ha attraversato secoli di evoluzione, trasformandosi da fenomeno mistico a tecnica clinica riconosciuta. Le radici dell'ipnosi risalgono all'antichità, con testimonianze di pratiche simili già in culture come quella egizia e greca, dove riti di guarigione e stati alterati di coscienza venivano utilizzati per fini terapeutici. Tuttavia, il termine "ipnosi" e la sua formalizzazione come disciplina scientifica si devono al medico tedesco *Franz Anton Mesmer* nel XVIII secolo, noto per la sua teoria del "magnetismo animale". Mesmer postulava l'esistenza di un fluido magnetico universale che poteva essere manipolato per curare malattie, teoria che portò alla nascita del mesmerismo. Sebbene le basi scientifiche del mesmerismo fossero inesatte, l'interesse suscitato dalla pratica portò ad ulteriori ricerche sulla natura dell'ipnosi. Successivamente, *James Braid*, un medico scozzese, coniò il termine "ipnosi" nel 1843, distanziandosi dalle teorie magnetiche di Mesmer e proponendo che l'ipnosi fosse uno stato neurofisiologico naturale. Nel corso del XIX e XX secolo, l'ipnosi è stata oggetto di studio da parte di molte figure rilevanti della psichiatria e della psicologia, tra cui *Jean-Martin Charcot, Hippolyte Bernheim,* e *Sigmund Freud.* Quest'ultimo, pur avendo abbandonato l'ipnosi in favore della sua tecnica della psicoanalisi, riconobbe l'importanza dell'ipnosi come mezzo per accedere all'inconscio. La pratica ipnotica, nel corso del tempo, si è sviluppata attraverso varie scuole di pensiero, dando origine a differenti approcci e metodologie, tra cui l'Ipnosi Ericksoniana, sviluppata da *Milton H. Erickson*, che ha posto le basi per una delle più significative evoluzioni nell'ambito ipnotico: l'ipnosi costruttivista.

1.2 Principi di Ipnosi Costruttivista

L'ipnosi costruttivista emerge come un modello contemporaneo che si discosta dalle concezioni tradizionali dell'ipnosi, centrato sulla natura dialogica e interattiva del processo terapeutico. Le sue radici si intrecciano con i principi del costruttivismo in psicologia, un paradigma che sostiene che la realtà sia una costruzione soggettiva dell'individuo, influenzata dalle esperienze, dai significati e dalle narrazioni personali.

Il costruttivismo, come approccio teorico, ha le sue radici nella filosofia di Kant e si sviluppa in psicologia con l'opera di autori come Jean Piaget, che studiò lo sviluppo cognitivo nei bambini, e George Kelly, con la sua teoria dei costrutti personali. Kelly, in particolare, introdusse l'idea che gli individui interpretano il mondo attraverso un insieme di costrutti personali, modelli interpretativi che vengono costantemente aggiornati sulla base delle nuove esperienze. Questa concezione si allontana dal modello oggettivista della realtà, in cui la conoscenza è vista come una rappresentazione fedele del mondo esterno, proponendo invece che la conoscenza sia il frutto di una costruzione attiva da parte dell'individuo. Nel contesto della psicoterapia, ciò implica che il terapeuta non è un semplice risolutore di problemi, ma un co-costruttore di significati insieme al paziente.

L'ipnosi costruttivista si fonda sull'integrazione dei principi costruttivisti con le tecniche ipnotiche. In questo approccio, l'ipnosi non è vista come uno stato alterato della coscienza indotto dal terapeuta su un paziente passivo, ma piuttosto come un processo collaborativo in cui terapeuta e paziente co-creano uno stato mentale che facilita il cambiamento terapeutico. Contrariamente all'ipnosi tradizionale, che spesso si basa su suggestioni dirette e un ruolo predominante del terapeuta come figura autoritaria, l'ipnosi costruttivista enfatizza l'importanza del contesto, della narrazione personale e della co-costruzione di significati. L'ipnoterapeuta costruttivista adotta un approccio flessibile e non direttivo, favorendo un dialogo esplorativo in cui le suggestioni ipnotiche sono formulate come possibilità aperte piuttosto che comandi.

1.3 Alcune caratteristiche dell'ipnosi costruttivista

L'ipnosi tradizionale, spesso associata alle tecniche sviluppate nel XIX e XX secolo, è stata caratterizzata da un modello direttivo in cui il terapeuta assume un ruolo dominante. In questo contesto, il paziente è visto come un ricettore passivo delle suggestioni ipnotiche, che vengono somministrate in modo autoritario per indurre cambiamenti comportamentali o alleviare sintomi specifici. Nell'ipnosi tradizionale, l'approccio direttivo si manifesta attraverso l'uso di suggestioni dirette, spesso formulate in termini imperativi. Il terapeuta può utilizzare frasi come "Ora ti sentirai più rilassato" o "Quando ti sveglierai, smetterai di fumare". Questo modello presuppone una relazione asimmetrica tra terapeuta e paziente, in cui il potere e l'autorità risiedono principalmente nel terapeuta.

L'ipnosi costruttivista, al contrario, adotta un approccio non-direttivo, in cui il terapeuta utilizza suggestioni indirette e metaforiche, invitando il paziente a esplorare diverse possibilità.

Le suggestioni possono essere formulate come domande o possibilità aperte, ad esempio: "Cosa accadrebbe se ti permettessi di rilassarti un po' di più?" o "Potresti scoprire che smettere di fumare è più facile di quanto pensassi". Questo approccio riflette una visione collaborativa della terapia, in cui il paziente è un agente attivo nella costruzione del proprio cambiamento.

L'ipnosi tradizionale inoltre tende a vedere lo stato ipnotico come uno stato di trance profondamente diverso dalla normale veglia, spesso indotto attraverso tecniche standardizzate di induzione come la fissazione dello sguardo, la rilassazione progressiva o il conteggio regressivo. In questo modello, l'ipnosi è spesso vista come uno stato "alterato" della coscienza.

L'ipnosi costruttivista, invece, non si focalizza sull'induzione di uno specifico stato di trance, ma piuttosto sulla creazione di uno spazio di dialogo in cui il paziente possa esplorare nuove narrazioni e costruzioni di sé. La trance ipnotica, in questo contesto, è vista più come un continuum di esperienze che un rigido stato alterato. Non c'è una distinzione netta tra ipnosi e veglia, ma piuttosto un fluire dinamico tra differenti stati di coscienza, tutti ugualmente validi per il lavoro terapeutico.

Una delle differenze più significative tra l'ipnosi tradizionale e quella costruttivista è l'importanza attribuita alla narrazione personale. Nell'ipnosi tradizionale, il focus è spesso sulla modificazione di comportamenti o sintomi specifici attraverso la suggestione diretta, con un'attenzione limitata alla storia personale del paziente. L'ipnosi costruttivista, d'altra parte, riconosce che i sintomi e i comportamenti problematici sono strettamente legati alle narrazioni che il paziente ha costruito su di sé e sul mondo. Il lavoro terapeutico si concentra quindi sulla decostruzione delle narrazioni disfunzionali e sulla costruzione di nuove storie che promuovano il benessere e l'autonomia del paziente. Questo processo è spesso facilitato attraverso l'uso di metafore, immagini simboliche e racconti che emergono spontaneamente durante la trance.

1.4 Ipnosi costruttivista: un approccio integrativo

L'ipnosi costruttivista non è un modello rigido o dogmatico, ma piuttosto un approccio flessibile e adattabile che può essere combinato con altre forme di intervento psicoterapeutico, rispondendo alle esigenze specifiche del paziente e del contesto clinico. La sua natura integrativa consente di incorporare tecniche e principi da altri approcci terapeutici, come la terapia cognitivo-comportamentale, la terapia sistemica e la terapia narrativa, creando un quadro terapeutico altamente personalizzato.

Uno degli aspetti più rilevanti dell'ipnosi costruttivista è la sua capacità di integrarsi efficacemente con la *terapia cognitivo-comportamentale (CBT)*. Mentre la CBT si concentra sulla modifica dei pensieri disfunzionali e dei comportamenti maladattivi attraverso tecniche strutturate e orientate al problema, l'ipnosi costruttivista può arricchire questo approccio aiutando il paziente a esplorare e ristrutturare i significati sottostanti che sostengono tali pensieri e comportamenti. L'ipnosi costruttivista può facilitare l'accesso a stati di consapevolezza che permettono al paziente di riconsiderare i propri schemi cognitivi in modo più profondo e creativo. Ad esempio, durante uno stato ipnotico, il paziente può essere guidato a visualizzare un problema sotto una nuova luce, esplorando alternative cognitive che potrebbero essere meno accessibili in uno stato di veglia ordinaria. Questo processo può portare a un cambiamento più duraturo e significativo nei modelli di pensiero.

La *terapia sistemica*, che pone l'accento sulle dinamiche relazionali e sul contesto in cui il paziente è inserito, si integra naturalmente con l'ipnosi costruttivista, la quale riconosce che le esperienze individuali sono profondamente influenzate dalle interazioni sociali e familiari. L'ipnosi costruttivista può essere utilizzata per esplorare e ristrutturare le narrazioni familiari e le dinamiche relazionali che contribuiscono al mantenimento dei sintomi. Ad esempio, un paziente può essere guidato a rivedere le sue relazioni familiari durante uno stato ipnotico, con l'obiettivo di identificare pattern disfunzionali e di costruire nuove modalità di interazione che siano più funzionali e soddisfacenti. Questo lavoro può facilitare un cambiamento sistemico, aiutando non solo il paziente ma anche l'intero sistema familiare a evolvere verso una maggiore armonia e comprensione reciproca.

L'ipnosi costruttivista condivide molti principi con la *terapia narrativa*, un approccio che si concentra sulla ricostruzione delle storie personali del paziente per promuovere il cambiamento terapeutico. Entrambi gli approcci considerano le narrazioni personali come fondamentali nella costruzione dell'identità e del senso di sé, e vedono la terapia come un'opportunità per riscrivere queste narrazioni in modi che siano più congruenti con i desideri e i bisogni del paziente. Durante l'ipnosi costruttivista, il terapeuta può utilizzare metafore e immagini simboliche per aiutare il paziente a ristrutturare le sue narrazioni personali, promuovendo così una trasformazione profonda del modo in cui il paziente vede se stesso e il mondo. Questo processo non solo allevia i sintomi, ma favorisce anche un più ampio senso di empowerment e di agency personale.

20

Uno degli aspetti distintivi dell'ipnosi costruttivista è la sua capacità di adattarsi ai bisogni unici di ciascun paziente. Invece di applicare protocolli standardizzati, l'ipnoterapeuta costruttivista lavora in collaborazione con il paziente per sviluppare un piano terapeutico personalizzato, che tiene conto delle sue esperienze, convinzioni e obiettivi specifici. Questo approccio centrato sul paziente consente di affrontare una vasta gamma di problematiche psicologiche, dal trattamento dei disturbi d'ansia e della depressione, alla gestione del dolore cronico e dei disturbi psicosomatici. Inoltre, l'ipnosi costruttivista è particolarmente efficace nel trattamento dei disturbi complessi, in cui i sintomi non possono essere facilmente ricondotti a singoli fattori eziologici. Grazie alla sua natura integrativa, questo approccio permette di affrontare la complessità della psiche umana in modo olistico, considerando non solo i sintomi, ma anche i significati personali e le dinamiche relazionali che li sottendono.

Il Costruttivismo
in psicoterapia

2.1 Introduzione al Costruttivismo

Il costruttivismo è un paradigma teorico che ha influenzato profondamente la psicoterapia contemporanea, offrendo un'alternativa alle concezioni più tradizionali del funzionamento psichico. Questa corrente si fonda sull'idea che la realtà non è un'entità oggettiva e indipendente, ma piuttosto una costruzione soggettiva elaborata dall'individuo attraverso le proprie esperienze, convinzioni e narrazioni. Nel contesto della psicoterapia, il costruttivismo ha promosso lo sviluppo di approcci terapeutici centrati sull'esplorazione e la ristrutturazione delle costruzioni cognitive che modellano l'esperienza soggettiva. L'ipnosi costruttivista, che si inserisce all'interno di questo paradigma, utilizza lo stato ipnotico come uno strumento per facilitare l'accesso e la trasformazione delle strutture cognitive, promuovendo cambiamenti terapeutici profondi e duraturi. Questo capitolo esplorerà i fondamenti del costruttivismo in psicoterapia e discuterà come l'ipnosi costruttivista possa essere utilizzata per intervenire su tali strutture cognitive.

Il costruttivismo come corrente psicoterapeutica trova le sue radici in diverse tradizioni filosofiche e psicologiche, tra cui il kantismo, la fenomenologia e l'epistemologia genetica di *Jean Piaget*. Tuttavia, è con la teoria dei costrutti personali di *George A. Kelly* che il costruttivismo inizia a prendere forma come modello specifico in psicoterapia. Kelly, con la sua opera "The Psychology of Personal Constructs" (1955), è considerato il fondatore del costruttivismo in psicoterapia: propose che gli individui percepiscono e interpretano il mondo attraverso un sistema di costrutti personali, ossia schemi cognitivi che organizzano e danno significato alle esperienze. Questi costrutti sono dinamici e vengono continuamente aggiornati in risposta alle nuove esperienze, ma possono anche diventare rigidi e disfunzionali, portando a disturbi psicologici. La terapia, secondo Kelly, consiste nell'aiutare il paziente a esplorare e modificare i propri costrutti personali, promuovendo una maggiore flessibilità cognitiva e una visione più adattiva della realtà. Il terapeuta, in questo modello, non è visto come un'autorità che impartisce verità oggettive, ma come un facilitatore di esplorazione, che guida il paziente nel processo di ricostruzione dei propri schemi cognitivi.

Altra importante corrente del costruttivismo è rappresentata dal *costruttivismo sociale*, che enfatizza l'influenza delle interazioni sociali nella costruzione della realtà individuale. Secondo questa prospettiva, la conoscenza e l'identità sono co-costruite attraverso il linguaggio e le relazioni interpersonali. Il contesto sociale e culturale diventa quindi cruciale nella formazione delle convinzioni e delle narrazioni personali. In psicoterapia, il costruttivismo sociale implica che il terapeuta e il paziente co-costruiscano significati attraverso il dialogo. Questo processo è essenziale per ristrutturare le narrazioni disfunzionali e promuovere nuove modalità di pensiero e comportamento che siano più congruenti con il benessere del paziente.

2.2 Strutture cognitive ed esperienza personale

Uno dei contributi fondamentali del costruttivismo in psicoterapia è l'attenzione alle strutture cognitive che influenzano l'esperienza soggettiva. Le strutture cognitive, o schemi, sono modelli organizzativi attraverso i quali gli individui interpretano e danno significato alle proprie esperienze. Questi schemi influenzano non solo il modo in cui percepiamo il mondo, ma anche come reagiamo emotivamente e comportamentalmente agli eventi della vita.

Gli schemi cognitivi possono essere adattivi, aiutando l'individuo a navigare nel mondo in modo efficace, oppure disfunzionali, contribuendo allo sviluppo e al mantenimento di disturbi psicologici. Ad esempio, uno schema disfunzionale di "non essere amabile" può portare a interpretazioni distorte delle interazioni sociali, alimentando sentimenti di isolamento e bassa autostima. La rigidità di tali schemi può impedire all'individuo di adattarsi in modo flessibile a nuove esperienze, generando sofferenza psicologica. La terapia costruttivista si concentra sul portare alla luce questi schemi disfunzionali, aiutando il paziente a ristrutturarli in modo più funzionale. Questo processo di ristrutturazione cognitiva non è visto come un semplice cambiamento di pensiero, ma come una trasformazione profonda del modo in cui l'individuo costruisce la realtà.

Un altro aspetto centrale del costruttivismo è il ruolo delle narrazioni nella costruzione dell'identità. Le storie che raccontiamo su noi stessi e sul nostro mondo modellano la nostra identità e il nostro modo di interagire con la realtà. Le narrazioni possono essere flessibili e adattive, permettendo una crescita e un cambiamento continuo, oppure rigide e limitanti, intrappolando l'individuo in cicli disfunzionali di pensiero e comportamento. La psicoterapia costruttivista mira a esplorare e ristrutturare queste narrazioni, facilitando lo sviluppo di nuove storie personali che siano più congruenti con il benessere e l'autenticità del paziente. Questo processo non riguarda solo la modifica dei contenuti delle narrazioni, ma anche la trasformazione delle modalità attraverso le quali queste storie vengono vissute e integrate nell'identità personale.

2.3 Ipnosi costruttivista e ristrutturazione cognitiva

L'ipnosi costruttivista rappresenta uno strumento potente per intervenire sulle strutture cognitive che influenzano l'esperienza soggettiva. Attraverso lo stato ipnotico, è possibile accedere a livelli profondi della mente, dove risiedono schemi e narrazioni che spesso sfuggono alla consapevolezza ordinaria. Questo permette di lavorare direttamente con queste strutture, facilitando la loro trasformazione in modi che sarebbero difficilmente raggiungibili con altre tecniche psicoterapeutiche.

Durante lo stato ipnotico, il paziente può essere guidato a esplorare schemi cognitivi che sono alla base delle sue difficoltà psicologiche. L'ipnoterapeuta costruttivista utilizza tecniche di suggestione indiretta e metafore per facilitare questa esplorazione, permettendo al paziente di vedere i propri schemi da nuove prospettive e di iniziare a modificarli. Ad esempio, un paziente con uno schema disfunzionale di "non essere abbastanza" può essere guidato a immaginare situazioni in cui si percepisce come competente e apprezzato, creando nuove connessioni cognitive che sfidano lo schema originale.

L'ipnosi costruttivista è particolarmente efficace nel facilitare il cambiamento narrativo. Durante la trance, il paziente può essere invitato a esplorare storie alternative su se stesso e sulla sua vita, sperimentando nuove modalità di essere e agire. Questo processo può portare alla creazione di narrazioni più adattive e coerenti con i desideri e le aspirazioni del paziente. Un esempio di questo processo potrebbe essere un paziente che si sente intrappolato in una narrazione di fallimento e sconfitta. Attraverso l'ipnosi, può essere guidato a esplorare situazioni in cui ha avuto successo, riscrivendo la sua storia personale in modo che includa queste esperienze positive. Questo non solo modifica il contenuto delle sue narrazioni, ma può anche cambiare il modo in cui percepisce se stesso e il suo potenziale futuro.

Uno degli aspetti più distintivi e innovativi dell'ipnosi costruttivista è il processo di co-costruzione dei significati tra terapeuta e paziente. In questo modello, il terapeuta non assume un ruolo autoritario, né cerca di imporre nuove interpretazioni o convinzioni al paziente. Piuttosto, il terapeuta agisce come un collaboratore, un compagno di viaggio nel processo terapeutico, facilitando l'esplorazione e la creazione di nuovi significati che possono trasformare l'esperienza soggettiva del paziente. Il terapeuta si impegna quindi in un dialogo dinamico con il paziente durante la trance ipnotica: non un semplice scambio verbale, ma un'interazione profonda in cui vengono esplorate le narrazioni, le credenze e le aspettative che il paziente porta con sé. Il terapeuta utilizza il linguaggio in modo strategico, spesso facendo ricorso a metafore, suggestioni aperte e domande esplorative che invitano il paziente a riflettere e a riconsiderare i suoi schemi cognitivi e le sue narrazioni personali. Questo processo è essenziale per la ristrutturazione cognitiva, poiché permette al paziente di partecipare attivamente alla creazione di nuovi significati. L'interazione non è quindi diretta unicamente dal terapeuta, ma emerge dall'incontro tra le prospettive di entrambi, rendendo il processo terapeutico unico e adattato alle specifiche esigenze del paziente. Per esempio, un paziente che ha vissuto un trauma potrebbe essere intrappolato in una narrazione di vittimizzazione e impotenza. Durante l'ipnosi, il terapeuta potrebbe utilizzare metafore e suggestioni per aiutare il paziente a riscoprire la propria resilienza e a costruire una nuova narrazione in cui emerge come una persona che ha superato avversità e ha trovato nuove risorse interiori. Questo cambiamento narrativo può avere effetti profondi sul modo in cui il paziente percepisce se stesso e le sue capacità di affrontare le sfide future.

La co-costruzione di significati nell'ipnosi costruttivista non si limita però alla creazione di nuove narrazioni, ma coinvolge anche una ristrutturazione più profonda delle esperienze di sé. Attraverso il processo ipnotico, il paziente può essere invitato a sperimentare nuove modalità di essere, che possono includere un senso di maggiore autonomia, sicurezza, o autostima. Queste esperienze non sono semplici aggiunte cognitive, ma rappresentano un vero e proprio ri-orientamento dell'identità del paziente. Per esempio, un paziente che lotta con sentimenti di inadeguatezza può, attraverso l'ipnosi, esplorare uno stato in cui si sente competente e capace. Il terapeuta facilita questa esplorazione, aiutando il paziente a integrare questa nuova esperienza di sé nella sua narrazione personale. Questo processo di ristrutturazione può portare a

cambiamenti duraturi nel modo in cui il paziente si percepisce
e interagisce con il mondo.

Tecniche ipnotiche costruttiviste

L'ipnosi costruttivista integra un insieme di tecniche che mirano a ristrutturare le esperienze cognitive e narrative del paziente. Questo capitolo esplorerà in dettaglio alcune delle tecniche ipnotiche più rilevanti in questo approccio: l'induzione, la ristrutturazione cognitiva, la narrazione ipnotica e l'utilizzo delle metafore. Ogni sezione includerà esempi pratici e casi clinici che illustrano l'applicazione di queste tecniche in contesti terapeutici, dimostrando come esse possano facilitare il cambiamento psicologico profondo.

3.1 Tecniche di induzione nell'ipnosi costruttivista

L'induzione ipnotica è il processo attraverso il quale si guida il paziente verso uno stato di trance, una condizione caratterizzata da un'attenzione focalizzata e un'accresciuta ricettività alle suggestioni. Nel contesto dell'ipnosi costruttivista, l'induzione è vista non solo come un mezzo per entrare in uno stato di trance, ma anche come un'opportunità per iniziare a esplorare e co-costruire significati con il paziente.

Le tecniche di induzione nell'ipnosi costruttivista, come detto nel capitolo precedente, sono spesso meno direttive rispetto a quelle tradizionali, favorendo un approccio più collaborativo. Le più comuni includono le tecniche riportate a seguire.

L'Induzione Conversazionale utilizza il dialogo naturale tra terapeuta e paziente come mezzo per indurre uno stato di trance. Il terapeuta può iniziare con una conversazione ordinaria, integrando gradualmente elementi ipnotici come la focalizzazione dell'attenzione su sensazioni corporee, ricordi specifici o pensieri. Questo tipo di induzione è particolarmente utile perché non richiede una formale "entrata in trance", ma piuttosto guida il paziente in uno stato di consapevolezza alterata in modo sottile e graduale.

L'Induzione con Metafore è una tecnica molto efficace che attraverso l'uso di metafore durante l'induzione può facilitare l'accesso a stati mentali profondi. Ad esempio, il terapeuta potrebbe utilizzare l'immagine di "scendere una scala" o "entrare in un giardino tranquillo" per aiutare il paziente a rilassarsi e a focalizzare l'attenzione. Queste immagini non solo inducono uno stato di trance, ma iniziano anche a lavorare sulla ristrutturazione cognitiva, creando un contesto simbolico che può essere esplorato durante la sessione ipnotica.

L'Induzione Basata sulle Risorse pone l'accento sulle risorse interne del paziente, invitandolo a richiamare esperienze positive o di successo mentre entra in trance. Questo approccio non solo facilita l'induzione, ma prepara il terreno per un lavoro terapeutico che rafforza le capacità del paziente di affrontare le sfide.

Un caso tipico di terapia ipnotica utilizzando le tecniche descritte potrebbe coinvolgere un paziente con disturbo d'ansia, che fatica a rilassarsi e a lasciare andare il controllo. Utilizzando l'induzione conversazionale, il terapeuta potrebbe iniziare a parlare con il paziente del suo hobby preferito, ad esempio il giardinaggio. Gradualmente, il terapeuta introduce elementi ipnotici, chiedendo al paziente di immaginare di camminare in un giardino sereno, sentendo il profumo dei fiori e il calore del sole. Questa immagine non solo facilita la trance, ma inizia anche a lavorare sulla riduzione dell'ansia, associando la sensazione di calma a un contesto positivo.

3.2 Tecniche di ristrutturazione cognitiva

La ristrutturazione cognitiva, abbiamo visto nel capitolo precedente, essere una tecnica centrale nell'ipnosi costruttivista, volta a identificare e modificare schemi cognitivi disfunzionali che influenzano negativamente il comportamento e le emozioni del paziente. Attraverso l'ipnosi, è possibile accedere a questi schemi a un livello più profondo, facilitando il cambiamento cognitivo in un modo che spesso risulta più immediato e potente rispetto alle tecniche di ristrutturazione cognitiva utilizzate in stato di veglia. Le tecniche ipnotiche prevedono principalmente gli interventi riportati a seguire.

La Ricostruzione degli Schemi in cui, durante la trance, il terapeuta può guidare il paziente a esplorare i suoi schemi cognitivi attuali e a confrontarli con possibili alternative. Questo processo può essere facilitato da domande aperte e suggestioni indirette, che invitano il paziente a considerare nuove prospettive. Per esempio, se un paziente ha uno schema di autosvalutazione, il terapeuta potrebbe chiedere: "Come cambierebbe la tua esperienza se considerassi che sei competente e capace in molte aree della tua vita?".

La *Ristrutturazione delle Percezioni Sensoriali* in cui le percezioni sensoriali possono essere utilizzate per alterare gli schemi cognitivi associati a emozioni o comportamenti specifici. Ad esempio, un paziente con fobia sociale potrebbe essere invitato a immaginare una situazione sociale temuta in cui, invece di sentirsi ansioso, percepisce una sensazione di calore e accoglienza da parte degli altri. Questo non solo altera l'esperienza emotiva, ma ristruttura anche lo schema cognitivo associato alla paura del giudizio.

Ad esempio, un paziente con disturbo ossessivo-compulsivo (DOC) potrebbe essere intrappolato in uno schema cognitivo di perfezionismo e controllo. Durante l'ipnosi, il terapeuta potrebbe utilizzare la ristrutturazione cognitiva per aiutare il paziente a immaginare un futuro in cui piccoli errori o imperfezioni sono accolti con accettazione piuttosto che con ansia. Questo potrebbe coinvolgere la visualizzazione di situazioni quotidiane in cui il paziente accetta che le cose non siano perfette, ma comunque sufficientemente buone.

3.3 Tecniche di Narrazione ipnotica

La narrazione è un elemento chiave dell'ipnosi costruttivista, poiché le storie che i pazienti raccontano su se stessi e sulle loro vite costituiscono la struttura attraverso la quale interpretano il mondo. La narrazione ipnotica offre al paziente l'opportunità di riscrivere queste storie, integrando nuove prospettive e significati. Le principali tecniche narrative sono riportate nel testo a seguire.

L'Uso di Storie Metaforiche può rappresentare la situazione del paziente in modo simbolico, permettendo l'esplorazione di nuove soluzioni senza affrontare direttamente il problema. Ad esempio, per un paziente che si sente bloccato nella vita, il terapeuta potrebbe raccontare la storia di un fiume che, nonostante gli ostacoli, trova sempre il modo di continuare a fluire.

Il *Raccontare Storie Alternative* in cui il paziente è invitato a narrare trame alternative che riflettono i cambiamenti desiderati. Durante l'ipnosi, il paziente può essere guidato a immaginare una "giornata ideale" o un "futuro possibile", dove le difficoltà attuali sono state superate. Questo non solo offre una nuova narrazione, ma rende anche più tangibile e realizzabile il cambiamento desiderato.

Un esempio clinico potrebbe essere quello di un paziente con una lunga storia di fallimenti percepiti che potrebbe essere invitato, durante una sessione ipnotica, a raccontare la storia di un eroe che, nonostante innumerevoli battute d'arresto, alla fine raggiunge il successo attraverso perseveranza e adattamento. Questa narrazione non solo ristruttura la percezione dei fallimenti passati, ma offre anche una visione del futuro più ottimistica e motivante.

3.4 Utilizzo di Metafore

Le metafore sono strumenti terapeutici straordinariamente efficaci perchè funzionano come "ponti" tra il linguaggio conscio e l'inconscio, permettendo al paziente di esplorare significati profondi in un modo che è spesso più immediato e meno difensivo rispetto alle discussioni dirette. Le metafore facilitano il cambiamento poiché operano su più livelli: cognitivo, emotivo e simbolico.

Una delle tecniche più potenti nell'arsenale dell'ipnoterapeuta costruttivista è la creazione di metafore personalizzate, che sono costruite su misura per riflettere le esperienze, le emozioni e i valori unici del paziente. Queste metafore non solo risuonano più profondamente con il paziente, ma offrono anche un mezzo per esplorare e ristrutturare le convinzioni e gli schemi cognitivi in modo sicuro e creativo.

La prima fase nella creazione di una metafora personalizzata consiste nella raccolta di informazioni dettagliate sul mondo del paziente. Questo può includere i suoi interessi, passioni, ricordi significativi, e sfide attuali. Per esempio, se un paziente è appassionato di vela, il terapeuta potrebbe sviluppare una metafora che coinvolge la navigazione attraverso una tempesta come rappresentazione del superamento delle difficoltà nella vita.

Una volta raccolte le informazioni pertinenti, il terapeuta costruisce la metafora, incorporando elementi simbolici che rispecchiano le esperienze del paziente. La metafora deve essere progettata per essere abbastanza aperta da permettere al paziente di proiettare le proprie emozioni e interpretazioni, ma anche abbastanza strutturata da guidare verso una ristrutturazione positiva. Per esempio, un paziente che si sente sopraffatto dalle responsabilità potrebbe beneficiare di una metafora che rappresenta la sua vita come una nave carica di pesi, con la possibilità di gettare parte del carico per navigare più agevolmente. Questa metafora invita il paziente a riflettere su quali "pesi" nella sua vita potrebbero essere alleggeriti per migliorare il suo benessere.

Durante la trance ipnotica, il terapeuta introduce la metafora in un modo che incoraggia il paziente a immergersi completamente nell'esperienza simbolica. Questo potrebbe includere una guida verbale che invita il paziente a "vedere", "sentire" e "vivere" la metafora, esplorandone i dettagli e scoprendo nuovi significati. L'uso di suggestioni aperte è cruciale qui, poiché permette al paziente di esplorare la metafora in modo che si allinei con i suoi schemi cognitivi e le sue narrazioni personali.

Dopo l'esperienza ipnotica, il terapeuta e il paziente riflettono insieme sulla metafora e sui significati emersi. Questa discussione post-trance aiuta a integrare i nuovi significati e le nuove prospettive nella vita quotidiana del paziente. L'obiettivo è che la metafora non resti confinata all'interno della sessione ipnotica, ma diventi un modello per comprendere e affrontare le sfide reali.

Volendo tratteggiare un esempio di caso clinico, consideriamo un paziente che si sente intrappolato in una carriera che non gli offre soddisfazione, ma teme di cambiare a causa dell'incertezza. Dopo aver esplorato i suoi interessi, il terapeuta scopre che il paziente ha una passione per il giardinaggio. Durante una sessione ipnotica, il terapeuta introduce una metafora in cui il paziente è un giardiniere che si prende cura di una pianta che ha smesso di crescere. La pianta rappresenta la carriera del paziente, e il giardiniere decide di ripiantare la pianta in un terreno più fertile, dove può crescere rigogliosa. Durante la trance, il paziente esplora cosa significa per lui ripiantare la pianta: potrebbe significare cercare nuove opportunità, prendere rischi calcolati, o esplorare passioni dimenticate. Dopo la sessione, il paziente e il terapeuta discutono su come applicare questo processo metaforico alla

sua vita reale, aiutandolo a prendere decisioni concrete per
migliorare la sua situazione lavorativa.

Alcune Applicazioni Cliniche

L'ipnosi costruttivista, con il suo focus sulla co-costruzione di significati e sulla trasformazione delle narrazioni personali, offre un approccio terapeutico particolarmente efficace per una vasta gamma di disturbi psicologici. Questo capitolo tratteggerà le applicazioni cliniche dell'ipnosi costruttivista, concentrandosi su quattro aree principali: il trattamento dei disturbi d'ansia, della depressione, del trauma e delle dipendenze. Verrà discusso come questo approccio possa facilitare il cambiamento di prospettive e la costruzione di nuove realtà interne, promuovendo un benessere psicologico duraturo.

4.1 Trattamento dei disturbi d'ansia

Il disturbo d'ansia generalizzata (GAD) è caratterizzato da una preoccupazione eccessiva e persistente per una varietà di eventi o attività. I pazienti con disturbo d'ansia spesso presentano schemi cognitivi rigidi che perpetuano la loro ansia, come la tendenza a sovrastimare il pericolo o a sottovalutare le proprie capacità di gestione.

L'ipnosi costruttivista può essere utilizzata per intervenire su questi schemi cognitivi e facilitare la ristrutturazione delle narrazioni che alimentano l'ansia.

Durante le sessioni ipnotiche, il terapeuta costruttivista può guidare il paziente a esplorare situazioni temute in uno stato di trance, utilizzando tecniche di ristrutturazione cognitiva e metafore per modificare la percezione del pericolo. Ad esempio, un paziente che teme il fallimento al lavoro potrebbe essere guidato a visualizzare una situazione lavorativa in cui affronta con successo una sfida, ristrutturando così la sua narrazione interna da "non sono capace" a "posso gestire le difficoltà".

Ipotizzando un caso clinico, consideriamo il caso di un paziente con disturbo d'ansia generalizzato che manifesta una forte ansia legata alla possibilità di perdere il lavoro. Utilizzando l'ipnosi costruttivista, il terapeuta guida il paziente a esplorare uno scenario alternativo in cui, nonostante una crisi economica, riesce a trovare nuove opportunità di impiego e a prosperare. Attraverso questa esplorazione, il paziente non solo riduce la sua ansia, ma sviluppa anche una narrazione più positiva e resiliente riguardo alle sue capacità di adattamento.

4.2 Trattamento di fobie specifiche

Le fobie specifiche sono un'altra area in cui l'ipnosi costruttivista può essere altamente efficace. Le fobie sono spesso sostenute da narrazioni disfunzionali e schemi cognitivi che associano determinati oggetti o situazioni a pericoli estremi.

L'ipnosi permette al paziente di ristrutturare queste associazioni in un ambiente controllato e sicuro.

Ad esempio, un paziente con fobia dei cani potrebbe essere invitato, durante una sessione ipnotica, a immaginare di interagire con un cane amichevole e di piccola taglia in un contesto sicuro e rilassato. Questo non solo altera la percezione del pericolo associato ai cani, ma permette anche di costruire una nuova narrazione in cui il paziente si sente sicuro e capace di gestire l'incontro con l'animale.

Questo è il resoconto di un paziente con una fobia intensa degli aerei che viene trattato con ipnosi costruttivista. Durante la trance, viene guidato a immaginare un volo tranquillo, in cui si sente rilassato e sicuro. Il terapeuta utilizza metafore di stabilità e protezione, come l'immagine di essere "cullato dalle nuvole", per aiutare il paziente a ristrutturare la sua percezione del volo da esperienza pericolosa a esperienza sicura. Dopo diverse sessioni, il paziente riferisce una significativa riduzione della paura e riesce a volare senza panico.

4.3 Trattamento di depressione maggiore

La depressione maggiore è un disturbo complesso caratterizzato da una perdita di interesse per la vita, sentimenti di inutilità e disperazione, e una visione negativa del futuro. I pazienti con depressione spesso hanno narrazioni di sé profondamente disfunzionali, come "non valgo nulla" o "il futuro è senza speranza".

L'ipnosi costruttivista può facilitare il cambiamento di queste narrazioni, promuovendo una visione più positiva e realistica del sé e del mondo.

Durante la trance ipnotica, il terapeuta può guidare il paziente a esplorare esperienze passate di successo o soddisfazione, aiutandolo a integrare queste esperienze positive nella sua narrazione attuale. Questo processo può essere facilitato attraverso l'uso di metafore che rappresentano la rinascita o il rinnovamento, come immaginare un giardino in primavera che rifiorisce dopo un inverno rigido.

Immaginiamo una paziente con depressione maggiore, che si descrive come "senza valore" a causa di un recente divorzio, che viene trattata con ipnosi costruttivista. Durante la trance, viene guidata a immaginare una pianta che, nonostante sia stata trapiantata in un nuovo terreno, trova la forza di crescere e fiorire. Questa metafora diventa un simbolo potente di resilienza e crescita personale, aiutando la paziente a ristrutturare la sua narrazione interna e a vedere il divorzio non come una fine, ma come un'opportunità per una nuova vita.

4.4 Trattamento di depressione distimica

La depressione distimica, o distimia, è caratterizzata da uno stato di umore cronicamente depresso, meno grave rispetto alla depressione maggiore ma più persistente. I pazienti con distimia spesso sviluppano una narrazione di sé improntata a una costante insoddisfazione e mancanza di speranza.

L'ipnosi costruttivista può aiutare questi pazienti a esplorare e modificare queste narrazioni a lungo termine.

L'approccio ipnotico costruttivista può includere l'invito al paziente a immaginare piccoli momenti di gioia o realizzazione, integrando gradualmente questi momenti nella sua narrazione quotidiana. Questo processo può contribuire a costruire una visione della vita più equilibrata e meno orientata alla negatività.

Ipotizziamo il caso di un paziente con distimia, che ha vissuto per anni con la convinzione che "niente nella mia vita cambierà mai", che viene trattato con ipnosi costruttivista. Durante la trance, il terapeuta lo guida a immaginare una giornata ideale, in cui piccole azioni quotidiane portano a una sensazione di soddisfazione e benessere. Questi momenti positivi vengono poi integrati nella narrazione del paziente, aiutandolo a riconoscere che anche piccoli cambiamenti possono avere un impatto significativo sul suo umore e sulla sua vita.

4.5 Trattamento di disturbo da stress post-traumatico

Il Disturbo da Stress Post-Traumatico (PTSD) è una condizione debilitante che si sviluppa in seguito a un'esperienza traumatica. I pazienti con PTSD spesso rivivono il trauma attraverso flashback, incubi e pensieri intrusivi, mantenendo una narrazione interna dominata dalla paura e dall'impotenza.

L'ipnosi costruttivista può essere utilizzata per aiutare i pazienti a ristrutturare queste narrazioni e a integrare l'esperienza traumatica in un modo meno distruttivo.

Durante la trance ipnotica, il terapeuta può guidare il paziente a rivisitare l'esperienza traumatica in un contesto più sicuro e controllato, utilizzando metafore che rappresentano protezione e forza interiore. Questo può includere l'immaginazione di uno scudo protettivo o di una luce che illumina e dissolve l'oscurità del trauma.

Ad esempio, una paziente che ha subito un'aggressione fisica e soffre di PTSD viene trattata con ipnosi costruttivista. Durante la trance, viene guidata a immaginare di tornare al momento dell'aggressione, ma questa volta accompagnata da un "guardiano" interiore, una figura protettiva che le offre sicurezza e controllo. Questa nuova narrazione le permette di rivedere l'evento traumatico senza sentirsi sopraffatta, facilitando un processo di guarigione e integrazione.

4.6 Trattamento del trauma complesso

Il trauma complesso, spesso conseguente a esperienze ripetute e prolungate di abuso, negligenza o altre forme di violenza interpersonale, rappresenta una sfida terapeutica significativa. I pazienti con trauma complesso tendono a sviluppare una visione frammentata di sé e del mondo, caratterizzata da un senso pervasivo di insicurezza, dissociazione, e difficoltà nel costruire e mantenere relazioni interpersonali.

L'ipnosi costruttivista può offrire strumenti preziosi per aiutare questi pazienti a ristrutturare le loro narrazioni frammentate e a ricostruire un senso di sé più integrato e coerente.

Un approccio comune nell'ipnosi costruttivista per il trattamento del trauma complesso è il lavoro con le "parti del sé". Spesso, i pazienti con trauma complesso sperimentano un sé frammentato, in cui diverse "parti" della loro personalità possono essere in conflitto o dissociate. Ad esempio, una parte di loro può cercare di proteggersi attraverso il ritiro emotivo, mentre un'altra può essere costantemente all'erta per segni di pericolo. Durante l'ipnosi, il terapeuta può guidare il paziente a identificare e dialogare con queste diverse parti del sé, facilitando una maggiore integrazione. Attraverso metafore e narrazioni personalizzate, il paziente può essere aiutato a vedere queste parti non come frammenti isolati, ma come aspetti di una personalità complessa che possono coesistere in modo più armonioso. Ad esempio, il terapeuta potrebbe utilizzare la metafora di un'orchestra, in cui ogni strumento (o parte del sé) ha un ruolo specifico, ma è solo attraverso la loro collaborazione che si può creare una musica armoniosa.

Per i pazienti con trauma complesso, le narrazioni di sé possono essere dominate da sentimenti di vergogna, colpa e impotenza. Queste narrazioni disfunzionali possono perpetuare un ciclo di auto-svalutazione e isolamento. L'ipnosi costruttivista permette di intervenire su queste narrazioni, offrendo al paziente la possibilità di riscrivere la propria storia in modo che rifletta la loro forza e capacità di resilienza. Durante le sessioni ipnotiche, il terapeuta può guidare il paziente attraverso narrazioni alternative che sottolineano la sua capacità di sopravvivere e di trovare risorse interiori anche nelle circostanze più difficili. Per esempio, un paziente che ha subito abusi prolungati potrebbe essere guidato a immaginare la propria vita come un viaggio attraverso un deserto, dove ogni tappa rappresenta una sfida superata e un'ulteriore prova della sua resilienza.

Una delle tecniche fondamentali nell'ipnosi per il trattamento del trauma complesso è la creazione di "spazi sicuri". Questi spazi sono costruzioni mentali in cui il paziente può rifugiarsi durante la trance, offrendo un senso di protezione e stabilità che potrebbe essere mancato durante l'infanzia o altre fasi della vita. Questi spazi sicuri possono essere utilizzati come punti di partenza per esplorare e ristrutturare esperienze traumatiche, permettendo al paziente di affrontare questi ricordi dolorosi senza essere sopraffatto.

Un esempio clinico tipico potrebbe essere quello di un paziente che ha subito abusi emotivi prolungati durante l'infanzia e presenta una visione frammentata di sé, caratterizzata da una profonda sfiducia verso gli altri e sentimenti di auto-svalutazione. Durante l'ipnosi costruttivista, il terapeuta guida il paziente a creare uno "spazio sicuro", immaginando una casa isolata in una foresta dove può sentirsi protetto e al sicuro. All'interno di questo spazio, il paziente inizia a esplorare le diverse parti di sé che si sono sviluppate per far fronte all'abuso, come un "guerriero" interiore che protegge il sé vulnerabile. Attraverso la metafora dell'orchestra, il paziente lavora per integrare queste parti, riconoscendo che ognuna ha un ruolo, ma che insieme possono creare una vita più equilibrata e integrata.

4.7 Trattamento di dipendenze da sostanze

Le dipendenze da sostanze rappresentano un campo di applicazione complesso per l'ipnosi costruttivista. I pazienti che lottano con dipendenze spesso hanno narrazioni di sé che includono temi di impotenza, mancanza di controllo e cicli di ricaduta.

L'ipnosi costruttivista può essere utilizzata per ristrutturare queste narrazioni, promuovendo un senso di empowerment e controllo sulle proprie scelte e comportamenti. Durante le sessioni ipnotiche, il terapeuta può guidare il paziente a immaginare un futuro libero dalla dipendenza, costruendo una narrazione in cui è capace di superare le sfide e di vivere una vita soddisfacente senza la necessità di ricorrere a sostanze. Le metafore utilizzate potrebbero includere l'immagine di liberarsi da una "catena" o di trovare una "via d'uscita" da un labirinto oscuro.

Ad esempio, un paziente con una lunga storia di dipendenza da alcool viene trattato con ipnosi costruttivista. Durante la trance, viene guidato a immaginare se stesso come un esploratore che sta trovando la via d'uscita da una foresta oscura (la dipendenza). Ogni passo verso la luce rappresenta una scelta positiva nella sua vita, come partecipare a un gruppo di supporto o trovare nuovi interessi che non includono l'alcool. Questa narrazione alternativa gli offre un senso di controllo e direzione, che manca nella sua narrazione originale di impotenza.

4.8 Trattamento di dipendenze comportamentali

Le dipendenze comportamentali, come la dipendenza da gioco d'azzardo o da internet, possono anch'esse essere affrontate efficacemente con l'ipnosi costruttivista. Queste dipendenze sono spesso sostenute da schemi cognitivi disfunzionali e da narrazioni che giustificano o minimizzano i comportamenti compulsivi.

L'ipnosi costruttivista può aiutare i pazienti a riconoscere e modificare queste narrazioni, promuovendo il cambiamento comportamentale.

L'intervento ipnotico può includere la ristrutturazione di convinzioni profonde, come "Ho bisogno di giocare per sentirmi vivo", sostituendole con narrazioni più adattive, come "Posso trovare eccitazione e soddisfazione in attività che non mettono a rischio la mia vita". Le metafore potrebbero includere l'immagine di spezzare un "circolo vizioso" o di "riempire un vuoto" con attività salutari e gratificanti.

Ad esempio, un paziente con dipendenza da gioco d'azzardo, che si descrive come intrappolato in un ciclo senza fine, viene trattato con ipnosi costruttivista. Durante la trance, il terapeuta introduce la metafora di una ruota che gira in modo perpetuo, ma con il potere di fermarla scegliendo di scendere. Il paziente esplora cosa significherebbe per lui fermare questa ruota e iniziare un nuovo percorso, trovando alternative al gioco d'azzardo che gli offrano lo stesso senso di gratificazione senza i rischi associati. Questa nuova narrazione gli permette di iniziare a vedere la possibilità di uscire dalla dipendenza con maggiore speranza e determinazione.

Personalizzazione
dell'intervento ipnotico

La personalizzazione dell'intervento ipnotico rappresenta uno degli aspetti più cruciali e delicati della pratica terapeutica. In un contesto clinico, ogni paziente porta con sé un insieme unico di esperienze, credenze, bisogni e aspettative che richiedono un approccio terapeutico altrettanto unico e adattabile. Questo capitolo esplorerà il ruolo centrale del terapeuta nella personalizzazione dell'intervento ipnotico, l'importanza di un approccio centrato sul cliente, l'adattamento delle tecniche ipnotiche alle esigenze specifiche del paziente, e le considerazioni etiche che devono guidare questo processo.

5.1 Il terapeuta e la personalizzazione dell'intervento

Il primo passo nella personalizzazione dell'intervento ipnotico è una comprensione profonda del paziente. Questo processo va oltre una semplice anamnesi medica e psicologica, includendo una comprensione delle narrazioni personali, dei valori, delle credenze e delle aspettative del paziente.

Il terapeuta deve essere in grado di entrare in sintonia con il mondo interno del paziente, creando un ambiente di fiducia e sicurezza che faciliti l'esplorazione e il cambiamento.

La capacità del terapeuta di ascoltare attivamente e di comprendere empaticamente è fondamentale. Come sottolinea

Carl Rogers, uno dei pionieri dell'approccio centrato sul cliente, "Quando qualcuno realmente ti ascolta senza giudicare, senza cercare di assumersi la responsabilità per te, senza cercare di plasmarti, è terribilmente prezioso".

Questo tipo di ascolto crea una base solida per la personalizzazione dell'intervento, permettendo al terapeuta di adattare le tecniche ipnotiche in modo che risuonino con l'esperienza soggettiva del paziente.

Come già accennato, un aspetto distintivo della personalizzazione dell'intervento ipnotico è la co-costruzione del percorso terapeutico. Il terapeuta non impone un modello terapeutico predefinito, ma collabora con il paziente per sviluppare un piano di trattamento che sia significativo e rilevante per lui. Questo approccio collaborativo è in linea con i principi dell'ipnosi costruttivista, dove il terapeuta e il paziente lavorano insieme per co-costruire nuovi significati e narrazioni che facilitino il cambiamento.

Durante il processo di co-costruzione, il terapeuta può discutere apertamente con il paziente le diverse tecniche ipnotiche disponibili, esplorando quale approccio potrebbe essere più efficace e accettabile. Questo non solo aumenta l'alleanza terapeutica, ma rende il paziente un partecipante attivo nel proprio processo di guarigione, promuovendo una maggiore responsabilizzazione e un senso di controllo.

La flessibilità e la creatività sono qualità essenziali per un terapeuta che desidera personalizzare efficacemente l'intervento ipnotico. Ogni paziente è unico, e ciò che funziona per uno potrebbe non essere efficace per un altro. Pertanto, il terapeuta deve essere in grado di adattare le tecniche ipnotiche alle esigenze specifiche del paziente, modificando l'approccio in base alla risposta del paziente durante le sessioni.

Questa flessibilità include la capacità di cambiare strategie terapeutiche, introdurre nuove metafore o narrazioni, e modulare l'intensità e la durata delle tecniche ipnotiche in base al feedback del paziente. Come notano Rossi e Cheek, l'ipnosi è un processo dinamico che richiede un continuo adattamento e un uso creativo delle risorse cognitive ed emotive del paziente.

5.2 Adattamento e centratura sul paziente

L'approccio centrato sul cliente, sviluppato da Carl Rogers, è una delle basi teoriche più influenti per la personalizzazione dell'intervento ipnotico. Questo approccio si basa sull'idea che il paziente possieda dentro di sé le risorse necessarie per il cambiamento e che il ruolo del terapeuta sia quello di facilitare l'accesso a queste risorse attraverso un ambiente terapeutico sicuro e non giudicante.

I tre principi fondamentali dell'approccio centrato sul cliente sono *l'empatia*, cioè l'atteggiamento profondo del terapeuta che deve cercare di comprendere profondamente l'esperienza del paziente, mettendosi nei suoi panni; *l'accettazione incondizionata* con cui il terapeuta deve accettare il paziente senza giudicarlo, creando un ambiente di sicurezza in cui quest'ultimo può esplorare liberamente i suoi pensieri e sentimenti; *l'autenticità del terapeuta* per creare un rapporto genuino e autentico con il paziente, evitando atteggiamenti artificiosi o manipolativi. Questi principi sono particolarmente rilevanti nell'ipnosi costruttivista, dove la relazione terapeutica è vista come un elemento chiave per il successo dell'intervento.

Un approccio centrato sul cliente implica che le tecniche ipnotiche devono essere adattate alle esigenze specifiche del paziente. Questo adattamento può riguardare vari aspetti dell'intervento, tra cui la scelta delle metafore, l'intensità della trance, il linguaggio utilizzato nelle suggestioni, e il ritmo delle sessioni. Ad esempio, un paziente con una forte resistenza a perdere il controllo potrebbe trarre beneficio da un'induzione più leggera e da suggestioni che enfatizzano l'autonomia e il controllo personale. Al contrario, un paziente che cerca un'esperienza più profonda di rilassamento potrebbe preferire una trance più profonda, facilitata da una induzione più progressiva e da metafore di immersione.

L'adattamento può anche riguardare la durata delle sessioni. Alcuni pazienti potrebbero beneficiare di sessioni più brevi ma più frequenti, mentre altri potrebbero preferire sessioni più lunghe con maggiore tempo per l'esplorazione e la rielaborazione. Come osserva Yapko, l'efficacia dell'ipnosi dipende in gran parte dall'abilità del terapeuta di adattare l'intervento ai bisogni unici del paziente, piuttosto che applicare tecniche standardizzate.

5.3 Considerazioni etiche nella personalizzazione

Una delle considerazioni etiche fondamentali nella personalizzazione dell'intervento ipnotico è il rispetto dell'autonomia del paziente.

Questo implica che il paziente deve essere coinvolto in modo attivo e informato nel processo terapeutico, con pieno controllo su quali tecniche vengono utilizzate e in che modo.

Il consenso informato è un aspetto cruciale di questo processo, assicurando che il paziente sia consapevole delle modalità e degli obiettivi dell'intervento ipnotico.

Il terapeuta deve evitare ogni forma di manipolazione o coercizione, garantendo che il paziente si senta libero di esprimere i propri desideri, dubbi o preoccupazioni. Come sottolinea Hammond, l'etica nell'ipnosi richiede una particolare attenzione alla volontà del paziente, con un impegno costante a operare nel suo miglior interesse.

Nel personalizzare l'intervento ipnotico, è essenziale che il terapeuta mantenga chiari confini terapeutici e assuma la responsabilità del processo terapeutico. Questo significa che, sebbene il paziente debba essere coinvolto nel processo decisionale, è compito del terapeuta assicurarsi che le tecniche utilizzate siano sicure, appropriate e basate su evidenze scientifiche.

Inoltre, il terapeuta deve essere consapevole dei propri limiti professionali e, se necessario, fare riferimento a specialisti o altre risorse terapeutiche per affrontare aspetti del trattamento che vanno oltre la propria competenza. Questo è particolarmente importante in casi complessi o quando emergono dinamiche che richiedono un approccio multidisciplinare.

Nell'ambito della personalizzazione dell'intervento ipnotico, la gestione del transfert e del controtransfert diventa particolarmente rilevante. Il transfert si riferisce ai sentimenti e alle reazioni che il paziente proietta sul terapeuta, mentre il controtransfert riguarda le reazioni del terapeuta verso il paziente. Questi fenomeni possono influenzare il processo terapeutico e devono essere gestiti con attenzione per evitare che interferiscano negativamente con l'intervento.

Il terapeuta deve essere in grado di riconoscere e affrontare queste dinamiche, mantenendo un atteggiamento professionale e utilizzandole in modo costruttivo per approfondire la comprensione del paziente e facilitare il cambiamento terapeutico.

Prospettive future
e sviluppi dell'ipnosi costruttivista

L'ipnosi costruttivista, con il suo approccio innovativo e centrato sul paziente, ha già dimostrato un notevole potenziale nell'ambito della psicoterapia. Tuttavia, come ogni campo in evoluzione, presenta anche un ampio spazio per ulteriori sviluppi e ricerche. Questo capitolo esplorerà le prospettive future dell'ipnosi costruttivista, analizzando le potenzialità di nuove ricerche, le evoluzioni metodologiche, e le possibili integrazioni con altre forme di terapia. La riflessione finale si concentrerà sul ruolo crescente dell'ipnosi costruttivista nella pratica clinica moderna.

6.1 Potenzialità future

L'ipnosi costruttivista ha dimostrato efficacia in una varietà di contesti clinici, tra cui il trattamento di disturbi d'ansia, depressione, traumi complessi e dipendenze.

Tuttavia, vi sono numerose altre aree della psicoterapia che potrebbero beneficiare di un'applicazione più ampia e approfondita di questo approccio. Ad esempio, la terapia con pazienti che presentano disturbi di personalità o disordini alimentari potrebbe trarre grande vantaggio dall'integrazione di tecniche ipnotiche costruttiviste, grazie alla loro capacità di lavorare sulle narrazioni interne e sulla ristrutturazione delle percezioni di sé.

Inoltre, l'ipnosi costruttivista potrebbe essere ulteriormente esplorata nel trattamento dei disturbi psicosomatici, dove la connessione mente-corpo gioca un ruolo cruciale. La possibilità di influenzare positivamente le percezioni corporee e di ristrutturare le narrazioni relative alla malattia e al benessere fisico offre un potenziale significativo per migliorare i risultati terapeutici in questo campo.

L'innovazione nelle tecniche ipnotiche costruttiviste rappresenta un'area chiave per il progresso futuro.

Sebbene le tecniche attuali siano già potenti e versatili, c'è spazio per lo sviluppo di nuovi protocolli che possano essere adattati a specifici disturbi o popolazioni di pazienti. Per esempio, la combinazione di tecniche ipnotiche con elementi della terapia cognitivo-comportamentale (CBT) o della terapia dialettico-comportamentale (DBT) potrebbe offrire approcci integrati più efficaci per pazienti con disturbi complessi.

Altro aspetto promettente è l'uso della tecnologia nella somministrazione dell'ipnosi costruttivista. Le applicazioni di realtà virtuale (VR), per esempio, potrebbero essere utilizzate per creare ambienti ipnotici altamente immersivi, che permettano al paziente di esplorare e ristrutturare le proprie narrazioni in un modo ancora più coinvolgente e personalizzato. La ricerca in questo ambito è ancora nelle fasi iniziali, ma i primi risultati indicano un potenziale significativo per migliorare l'efficacia dell'intervento ipnotico.

6.2 Nuove ricerche ed evoluzione metodologica

Per consolidare il ruolo dell'ipnosi costruttivista nella pratica clinica, è essenziale continuare a sviluppare un corpus di ricerca empirica solido.

Studi randomizzati controllati (RCT) che confrontano l'ipnosi costruttivista con altre forme di trattamento possono fornire dati preziosi sull'efficacia di questo approccio.

Inoltre, la ricerca qualitativa, che esplora le esperienze soggettive dei pazienti, può contribuire a una comprensione più profonda di come e perché l'ipnosi costruttivista funzioni.

La validazione empirica di nuove tecniche e protocolli è altrettanto importante. La ricerca futura potrebbe concentrarsi su come specifiche tecniche ipnotiche, come l'uso di metafore personalizzate o la co-costruzione di narrazioni durante la trance, influenzino i risultati terapeutici.

Inoltre, studi longitudinali che seguono i pazienti nel tempo potrebbero offrire una visione più chiara sulla durata degli effetti terapeutici dell'ipnosi costruttivista.

Un'area di ricerca particolarmente promettente è l'integrazione dell'ipnosi costruttivista con la neuropsicologia e le scienze cognitive.

La comprensione dei meccanismi neurali che sottendono l'ipnosi e la ristrutturazione cognitiva può offrire nuove intuizioni su come ottimizzare l'intervento ipnotico. Ad esempio, studi di neuroimaging che esaminano i cambiamenti nel cervello durante la trance ipnotica potrebbero aiutare a identificare i circuiti neurali coinvolti nella co-costruzione di nuove narrazioni e significati.

Inoltre, l'integrazione di modelli cognitivi, come la teoria della mente estesa o la teoria delle emozioni, potrebbe arricchire l'approccio ipnotico costruttivista, permettendo una personalizzazione ancora più precisa dell'intervento.

Queste integrazioni potrebbero anche aprire nuove vie per trattare condizioni come i disturbi dello spettro autistico, dove la comprensione e la ristrutturazione delle narrazioni sociali e personali sono particolarmente cruciali.

6.3 Integrazione con altre forme di terapia

L'ipnosi costruttivista e la *terapia cognitivo-comportamentale* (CBT) condividono molte somiglianze, in particolare per quanto riguarda l'obiettivo di modificare i pensieri disfunzionali e le credenze limitanti.

L'integrazione di questi approcci potrebbe portare a interventi più completi e potenti, combinando la ristrutturazione cognitiva tipica della CBT con la profondità esplorativa e simbolica dell'ipnosi costruttivista.

Un esempio di questa integrazione potrebbe essere l'uso dell'ipnosi per facilitare l'accesso a pensieri automatici e schemi cognitivi rigidi, che poi vengono affrontati e ristrutturati attraverso tecniche CBT. Questa combinazione potrebbe

58

essere particolarmente utile per i pazienti che trovano difficile accedere ai propri pensieri disfunzionali in uno stato di
veglia ordinaria.

La *terapia dialettico-comportamentale* (DBT), sviluppata da
Marsha Linehan per il trattamento del disturbo borderline di
personalità, pone l'accento sulla regolazione emotiva, la tol-
leranza allo stress e la mindfulness.

L'integrazione con l'ipnosi costruttivista potrebbe potenziare
questi aspetti, utilizzando la trance ipnotica per approfondire
la consapevolezza emotiva e per co-costruire strategie di gestione dello stress più efficaci.

Ad esempio, un paziente potrebbe essere guidato durante la
trance ipnotica a esplorare stati emotivi complessi in un contesto sicuro, ristrutturando la loro esperienza in modi che
promuovono una maggiore regolazione emotiva. Questo approccio combinato potrebbe offrire nuove possibilità di trattamento per i pazienti con alta reattività emotiva e difficoltà
nella gestione delle emozioni.

La *terapia narrativa*, che si concentra sulla decostruzione
delle narrazioni disfunzionali e sulla costruzione di nuove storie personali, è particolarmente complementare all'ipnosi costruttivista.

Entrambi gli approcci condividono l'obiettivo di trasformare
le narrazioni che i pazienti costruiscono su se stessi e sulle
loro vite, utilizzando il linguaggio e la narrazione come strumenti di cambiamento.

L'integrazione tra ipnosi costruttivista e terapia narrativa potrebbe permettere una ristrutturazione ancora più profonda e duratura delle narrazioni personali.

Durante la trance ipnotica, i pazienti potrebbero essere guidati a rivedere e riscrivere le loro storie in modi che promuovono il benessere e la resilienza. Questo approccio integrato potrebbe essere particolarmente efficace nel trattamento di traumi complessi, dove le narrazioni disfunzionali sono profondamente radicate.

Conclusione

L'ipnosi costruttivista rappresenta una frontiera avanzata nel campo della psicoterapia, combinando principi teorici profondi con tecniche pratiche innovative per promuovere il cambiamento terapeutico.

Attraverso questo testo, ho tentato di esplorare le fondamenta storiche e teoriche dell'ipnosi costruttivista, le sue applicazioni cliniche, e le prospettive future di sviluppo.

Ogni passo, seppur solo accennato, ha contribuito a delineare un quadro ampio e dinamico di come questa forma di ipnosi possa essere utilizzata per facilitare la trasformazione personale in modo sicuro, efficace e profondamente rispettoso dell'individualità del paziente.

L'ipnosi costruttivista, con la sua enfasi sulla co-costruzione di significati e sulla ristrutturazione delle narrazioni personali, si distingue per la sua capacità di adattarsi alle esigenze specifiche di ciascun paziente.

Questo approccio non solo affronta i sintomi, ma mira a trasformare in modo duraturo l'esperienza soggettiva, aiutando i pazienti a sviluppare nuove prospettive e a costruire realtà interne più sane e funzionali.

La personalizzazione dell'intervento, come discusso nei capitoli precedenti, è centrale in questo processo, permettendo di adattare le tecniche ipnotiche alla complessità unica di ogni individuo.

Man mano che la psicoterapia si evolve verso approcci sempre più integrativi e personalizzati, l'ipnosi costruttivista si posiziona come uno strumento importante per i terapeuti.

La sua capacità di integrarsi con altre forme di terapia, come la terapia cognitivo-comportamentale, la terapia dialettico-comportamentale e la terapia narrativa, ne amplifica l'efficacia e la versatilità.

La ricerca futura, in particolare negli ambiti della neuropsicologia e della tecnologia, promette di espandere ulteriormente le applicazioni dell'ipnosi costruttivista, portandola a nuovi livelli di precisione e impatto terapeutico.

Guardando al futuro, l'ipnosi costruttivista appare destinata a giocare un ruolo sempre più rilevante nella pratica clinica.

Le potenzialità di nuove ricerche, evoluzioni metodologiche e integrazioni con tecnologie emergenti aprono la strada a un ampliamento delle sue applicazioni e a un perfezionamento continuo delle tecniche.

Gli sviluppi in questo campo continueranno a offrire ai terapeuti strumenti sempre più efficaci per facilitare il cambiamento psicologico e promuovere il benessere dei loro pazienti.

In conclusione, l'ipnosi costruttivista si afferma non solo come un metodo terapeutico efficace, ma come un vero e proprio approccio alla comprensione e alla trasformazione dell'esperienza umana.

Con il suo potenziale per trasformare profondamente le vite delle persone, l'ipnosi costruttivista rappresenta un contributo significativo e crescente nel panorama della psicoterapia moderna.

Bibliografia Costruttivista

Riporto in questa sessione i trenta articoli recenti più interessanti che ho potuto raccogliere sul tema dell'ipnosi costruttivista.

1. **Barnier, A. J., & Nash, M. R. (Eds.). (2017).** *The Oxford Handbook of Hypnosis: Theory, Research, and Practice*. Oxford University Press.

2. **Brown, D. P., & Fromm, E. (2020).** *Hypnotherapy and Hypnoanalysis*. Routledge.

3. **Elkins, G. R. (2016).** *Handbook of Medical and Psychological Hypnosis: Foundations, Applications, and Professional Issues*. Springer Publishing.

4. **Gauld, A. (2020).** *A History of Hypnotism*. Cambridge University Press.

5. **Lynn, S. J., Rhue, J. W., & Kirsch, I. (Eds.). (2020).** *Handbook of Clinical Hypnosis*. American Psychological Association.

6. **Oakley, D. A., & Halligan, P. W. (2017).** *Hypnosis and Conscious States: The Cognitive Neuroscience Perspective*. Oxford University Press.

7. **Rossi, E. L. (2012).** *The Psychobiology of Mind-Body Healing: New Concepts of Therapeutic Hypnosis.* W. W. Norton & Company.

8. **Spiegel, D. (2020).** *Hypnosis in Clinical Practice: Steps for Mastering Hypnotherapy.* American Psychiatric Publishing.

9. **Yapko, M. D. (2018).** *Essentials of Hypnosis.* Routledge.

10. **Jensen, M. P. (2017).** *Hypnosis for Chronic Pain Management: Therapist Guide.* Oxford University Press.

11. **Crawford, H. J., & Gruzelier, J. H. (2019).** *Hypnosis and Hypnotherapy: Research and Application.* Elsevier.

12. **Heap, M., & Aravind, K. K. (2017).** *Hypnosis in Therapy.* Routledge.

13. **Lynn, S. J., Kirsch, I., & Hallquist, M. (2019).** *Social Cognitive Theories of Hypnosis.* Psychology Press.

14. **Hammond, D. C. (2021).** *Handbook of Hypnotic Suggestions and Metaphors.* W. W. Norton & Company.

15. **Varga, K. (Ed.). (2018).** *Beyond the Words: Communication and Suggestion in Hypnosis.* Springer.

16. **Rossi, E. L., & Rossi, K. L. (2015).** *The Neuroscience of Psychotherapy, Healing and Personal Growth: The Principles of Self-Organization.* W. W. Norton & Company.

17. **Milling, L. S. (2018).** *Hypnosis in the Treatment of Anxiety and Stress-Related Disorders.* Routledge.

18. **Montgomery, G. H., & Schnur, J. B. (2017).** *The Role of Hypnosis in the Care of Cancer Patients.* American Journal of Clinical Hypnosis, 59(4), 337-348.

19. **Pintar, J., & Lynn, S. J. (2017).** *Hypnosis: A Brief History.* Wiley-Blackwell.

20. **Heap, M. (2020).** *The Nature of Hypnosis: Understanding the Phenomenon.* Oxford University Press.

21. **Hammond, D. C. (2020).** *Ericksonian Approaches: A Comprehensive Manual.* Crown House Publishing.

22. **Ewin, D. M., & Eimer, B. N. (2016).** *Ideomotor Signals for Rapid Hypnoanalysis: A How-to Manual.* Charles C Thomas Publisher.

23. **Rossi, E. L. (2019).** *The Quantum Field in Hypnosis and the Healing Arts: The Nature of Therapeutic Hypnosis and Psychotherapy.* W. W. Norton & Company.

24. **Cardeña, E., & Winkelman, M. (Eds.). (2019).** *Altering Consciousness: Multidisciplinary Perspectives.* Praeger.

25. **Spiegel, H. (2017).** *The Rediscovery of Hypnosis: The Quest for the Boundaries of the Mind.* American Psychiatric Publishing.

26. **Williamson, A. (2019).** *Therapeutic Hypnosis with Children and Adolescents.* Routledge.

27. **Crawford, H. J. (2017).** *Neuroimaging Studies of Hypnotic States: A Review of Evidence and Implications.* Brain and Cognition, 118, 54-70.

28. **Lynn, S. J., Green, J. P., & Kirsch, I. (2020).** *Theories of Hypnosis: Current Models and Perspectives.* Guilford Press.

29. **VandenBos, G. R. (Ed.). (2020).** *APA Dictionary of Psychology* (2nd ed.). American Psychological Association.

30. **Montgomery, G. H., Schnur, J. B., & David, D. (2017).** *The Impact of Hypnosis on Pain Perception: A Meta-Analytic Review*. Clinical Psychology Review, 59, 19-29.

Bibliografia Internazionale di base

Riporto in questa sessione i principali studi internazionali, citati nei capitoli del testo, necessari per cogliere appieno lo sviluppo e la prospettiva dell'ipnosi costruttivista.

1. **Braid, J. (1843).** *Neurypnology; or, The Rationale of Nervous Sleep, Considered in Relation with Animal Magnetism*. London: John Churchill.

2. **Charcot, J. M. (1889).** *Leçons sur les maladies du système nerveux faites à la Salpêtrière*. Paris: Progrès Médical.

3. **Courtois, C. A., & Ford, J. D. (Eds.). (2009).** *Treating Complex Traumatic Stress Disorders: An Evidence-Based Guide*. New York: Guilford Press.

4. **Epston, D., & White, M. (1992).** *Experience, Contradiction, Narrative & Imagination: Selected Papers of David Epston & Michael White, 1989-1991*. Adelaide: Dulwich Centre Publications.

5. **Erickson, M. H., Rossi, E. L., & Rossi, S. I. (1976).** *Hypnotic Realities: The Induction of Clinical Hypnosis and Forms of Indirect Suggestion.* New York: Irvington.

6. **Freud, S. (1891).** *Zur Auffassung der Aphasien: Eine kritische Studie.* Leipzig: Franz Deuticke.

7. **Gelo, O. C. G., Pritz, A., & Rieken, B. (Eds.). (2015).** *Psychotherapy Research: Foundations, Process, and Outcome.* Vienna: Springer.

8. **Hammond, D. C. (Ed.). (1990).** *Handbook of Hypnotic Suggestions and Metaphors.* New York: W. W. Norton & Company.

9. **Yapko, M. D. (2012).** *Trancework: An Introduction to the Practice of Clinical Hypnosis* (4th ed.). New York: Routledge.

10. **Kelly, G. A. (1955).** *The Psychology of Personal Constructs.* New York: Norton.

11. **Lakoff, G., & Johnson, M. (1980).** *Metaphors We Live By.* Chicago: University of Chicago Press.

12. **Linehan, M. M. (1993).** *Cognitive-Behavioral Treatment of Borderline Personality Disorder.* New York: Guilford Press.

13. **Lynn, S. J., & Kirsch, I. (2006).** *Essentials of Clinical Hypnosis: An Evidence-Based Approach.* Washington, DC: American Psychological Association.

14. **Mahoney, M. J. (2003).** *Constructive Psychotherapy: A Practical Guide.* New York: Guilford Press.

15. **Maturana, H., & Varela, F. J. (1987).** *The Tree of Knowledge: The Biological Roots of Human Understanding.* Boston: Shambhala.

16. **Mesmer, F. A. (1766).** *De planetarum influxu in corpus humanum.* Vienna: Dissertation.

17. **Miller, W. R., & Rollnick, S. (2012).** *Motivational Interviewing: Helping People Change* (3rd ed.). New York: Guilford Press.

18. **Neimeyer, R. A., & Raskin, J. D. (Eds.). (2000).** *Constructions of Disorder: Meaning-Making Frameworks for Psychotherapy.* Washington, DC: American Psychological Association.

19. **Piaget, J. (1952).** *The Origins of Intelligence in Children.* New York: International Universities Press.

20. **Riva, G., & Wiederhold, B. K. (2020).** *Virtual Reality in the Assessment, Understanding, and*

Treatment of Mental Health Disorders. Washington, DC: IOS Press.

21. **Rossi, E. L., & Cheek, D. B. (1994).** *Mind-Body Therapy: Methods of Ideodynamic Healing in Hypnosis*. New York: W. W. Norton & Company.

22. **Rossi, E. L. (2002).** *The Psychobiology of Gene Expression: Neuroscience and Neurogenesis in Hypnosis and the Healing Arts*. New York: W. W. Norton & Company.

23. **Rossi, E. L., & Cheek, D. B. (1994).** *Mind-Body Therapy: Methods of Ideodynamic Healing in Hypnosis*. New York: W. W. Norton & Company.

24. **Rogers, C. R. (1951).** *Client-Centered Therapy: Its Current Practice, Implications, and Theory*. Boston: Houghton Mifflin.

25. **Van der Kolk, B. A. (2014).** *The Body Keeps the Score: Brain, Mind, and Body in the Healing of Trauma*. New York: Viking.

26. **White, M., & Epston, D. (1990).** *Narrative Means to Therapeutic Ends*. New York: Norton.

27. **Zeig, J. K. (1980).** *A Teaching Seminar with Milton H. Erickson*. New York: Brunner/Mazel.

Una bibliografia italiana

Riporto in questa sessione alcuni interessanti testi in italiano che, seppur non specifici per l'ipnosi costruttivista, possono offrire un orizzonte esaustivo del tema ipnotico in psicoterapia.

1. **Chertok L. (2005).** *L'ipnosi. Teoria, pratica, tecnica*. Alpes, Roma.

2. **Erikson M.H., Rossi E.L., Rossi S.I. (1979).** *Tecniche di suggestione ipnotica. Induzione dell'ipnosi clinica e forme di suggestione indiretta*, Astrolabio Ubaldini, Roma.

3. **Erikson M.H. (1978).** *Le nuove vie dell'ipnosi. induzione della trance, ricerca sperimentale, tecniche di psicoterapia*, Astrolabio, Roma.

4. **Erikson M.H., Rossi E.L. (1982).** *Ipnoterapia*, Astrolabio, Roma.

5. **Erikson M.H. (1983).** *La mia voce ti accompagnerà*, Astrolabio, Roma.

6. **Erikson M.H. (1983).** *A scuola di ipnosi*, Boringhieri, Torino.

7. **Erikson M.H. (1984).** *L'ipnoterapia innovatrice*, Astrolabio, Roma.

8. **Freud S. (1888-92).** *Ipnotismo e suggestione*, in *Opere Sigmund Freud* vol. I, Bollati Boringhieri, Torino, pp. 65-133.

9. **Granone F. (1989).** *Trattato di ipnosi*, Astrolabio, Torino.

10. **Loriedo C., Nardone G., Zeig J., Watzlawick P. (2002).** *Strategie e stratagemmi della psicoterapia. Tecniche ipnotiche e non ipnotiche per la soluzione, in tempi brevi, di problemi complessi*, Franco Angeli. Milano.

11. **Loriedo C., Nardone G., Zeig J., Watzlawick P. (2006).** *Ipnosi e Terapie Ipnotiche. Misteri svelati e miti sfatati*, Ponte Alle Grazie, Milano.

12. **Perussia F. (2013).** *Manuale completo di ipnosi*, Psicotecnica, Milano.

13. **Rabuffi M., Petruccelli F., Grimaldi M.N. (2018).** *L'ipnosi in pratica. L'induzione della trance e la sua applicazione in ambito clinico*, Alpes, Roma.

Appendice

La seconda edizione di "Dialoghi ipnotici" è arricchita da cinque racconti ideati per l'uso in ipnosi costruttivista, ciascuno pensato per facilitare l'introspezione e la ristrutturazione cognitiva e per supportare il cambiamento terapeutico. Ogni racconto è strutturato come una metafora che si presta a essere interpretata e vissuta soggettivamente, lasciando spazio al paziente per esplorare e proiettare i propri significati personali.

Ciascun racconto è proposto in due redazioni: una forma breve, ideale per essere utilizzata con i pazienti che manifestano una buona capacità ideativa ed immaginativa e che quindi necessitano di un minimo supporto per accedere al linguaggio metaforico; una forma più lunga e descrittiva, arricchita e dettagliata, per permettere anche ai pazienti con ideazione più debole, di accedere con facilità al mondo metaforico.

In maniera molto didattica, per facilitare i terapeuti che si accostano per la prima volta al linguaggio metaforico, alla fine di ogni racconto è riportata una breve spiegazione del contenuto, l'utilità del racconto in ipnosi costruttivista ed i principali riferimenti teorici.

Ecco i cinque racconti.

1. IL VIAGGIO DEL FIUME

Racconto Breve

C'era una volta un piccolo fiume, nato da una sorgente tranquilla in cima a una montagna. All'inizio, il fiume scorreva sereno tra le rocce e i prati, ammirando il panorama e godendo della pace della montagna. Ma presto si trovò ad affrontare ostacoli: tronchi caduti, rocce appuntite, e pendii ripidi. Ogni volta che incontrava un ostacolo, il fiume si fermava, temendo di non poter proseguire. Eppure, alla fine, trovava sempre un modo per aggirare o scivolare oltre ogni difficoltà, adattandosi alla forma del terreno.

Nel corso del tempo, il fiume imparò che, anche se il percorso era incerto, possedeva dentro di sé la forza e la flessibilità per superare qualsiasi ostacolo. Lentamente, si rese conto che ogni sfida lo arricchiva, e che la sua vera natura era fluire, trasformarsi, trovare nuove vie.

Questa consapevolezza diede al fiume una nuova fiducia, e alla fine, raggiunse il mare, sapendo di aver percorso il proprio viaggio unico. E capì che, così come lui aveva trovato il suo cammino, anche altri, di fronte agli ostacoli, potevano scoprire risorse interiori inaspettate.

Racconto Arricchito

C'era una volta un piccolo ruscello che sgorgava limpido e fresco dalla sommità di una montagna alta e antica. All'inizio, il ruscello si muoveva piano, appena un sussurro d'acqua che scivolava tra muschi e ciottoli bianchi, circondato da erbe sottili e fiori selvatici. Il sole lo scaldava dolcemente, e in quella quiete sembrava quasi che nulla potesse turbarlo. Il ruscello pensava che la sua vita sarebbe sempre stata così: un semplice fluire in un paesaggio tranquillo.

Ma con il passare del tempo, il piccolo corso d'acqua crebbe e il suo percorso lo portò oltre la pace della sua sorgente. Man mano che scendeva, il terreno sotto di lui cambiava e il suo letto si faceva irregolare, pieno di sassi appuntiti e radici sporgenti. A volte si trovava bloccato tra le rocce e doveva esercitare tutta la sua forza per scivolare oltre. Sentiva la pressione aumentare, e c'erano momenti in cui temeva di non poter più continuare.

Un giorno, il fiume incontrò il primo grande ostacolo del suo viaggio: un enorme tronco caduto, lungo e pesante, che ostruiva il suo passaggio. Spinto dall'impeto, il fiume si scontrò con quel tronco, ma non riusciva a superarlo. L'acqua si accumulava, ribolliva, scivolava di lato, ma non c'era via d'uscita. Per la prima volta, il fiume provò una sensazione nuova e sgradevole: la paura di non poter proseguire.

Restò così per molto tempo, spingendo e cercando disperatamente una via, fino a quando qualcosa in lui cambiò. Pian piano, il fiume capì che non doveva affrontare il tronco come un nemico, ma osservare attentamente, capire il suo percorso, assecondare la forma dell'ostacolo. Così si fece più paziente e, scivolando lentamente ai lati del tronco, trovò delle piccole aperture attraverso cui filtrare e proseguire il suo cammino. Era come se avesse scoperto una nuova forza, una capacità di adattarsi che non sapeva di avere.

Più a valle, il fiume incontrò una gola profonda. La sua corrente, che fino a quel momento era stata abbastanza larga e libera, si trovò costretta tra pareti alte e strette. I suoi movimenti divennero turbolenti e impetuosi, come se fosse stato ingabbiato in un passaggio angusto e senza sbocchi. Le onde si infrangevano contro le rocce scoscese, sollevando spruzzi e schiuma, e il fiume si sentì agitato e privo di controllo. Eppure, anche qui, a poco a poco, imparò a danzare con le curve strette della gola, scoprendo che poteva trasformare la sua impetuosità in un flusso scorrevole e agile, capace di adattarsi alle asperità del percorso.

Durante il suo viaggio, il fiume incontrò molti altri ostacoli: rami intricati che galleggiavano come reti in attesa di intrappolarlo, frane che riempivano il suo letto di massi enormi, creando pozze di calma e silenzio. A ogni sfida, si sentiva come se il suo percorso fosse finito, come se non ci fosse più modo di avanzare. Ma ogni volta, trovava in sé una nuova forza. Alcune volte si ramificava, altre si divideva in piccoli rivoli, per poi riunirsi più avanti. Altre volte ancora formava cascatelle, scendendo da rocce ripide con la stessa delicatezza con cui un albero lascia cadere le foglie d'autunno.

Con il tempo, il fiume crebbe, e il suo scorrere divenne sempre più sicuro e costante. Non era più il piccolo ruscello che si smarriva tra i sassi; ora era un vero e proprio fiume, che fluiva verso valle con una quieta ma determinata forza. Aveva conosciuto la propria natura, e aveva imparato che, nonostante gli ostacoli, il suo scopo era continuare a scorrere, trovare una via, mantenere il proprio movimento. Ogni pietra, ogni tronco e ogni curva non erano più nemici, ma parte del suo cammino, un'occasione per trasformarsi e per crescere.

Una notte, il fiume si trovò a scorrere sotto un cielo stellato. La luna, piena e luminosa, si specchiava nelle sue acque, rendendo tutto il suo corso un filo argentato che serpeggiava nella notte. Fu in quel momento, osservando il riflesso della luna che si muoveva con lui, che il fiume comprese qualcosa di profondo: non era solo in quel viaggio. Ogni goccia che lo componeva era il risultato di mille incontri e trasformazioni, di pioggia e sorgenti lontane. E nel suo scorrere, portava con sé una parte di tutti gli ostacoli che aveva superato, di tutte le curve che aveva incontrato, di tutte le terre che aveva bagnato.

Il fiume, alla fine, raggiunse il mare. La vastità delle acque salate lo avvolse, e lui si fuse in essa, come se tutto il suo viaggio lo avesse portato a quel momento. Era diventato parte di qualcosa di immenso, di eterno. Eppure, anche in quella vastità, portava con sé il ricordo di ogni roccia, di ogni tronco e di ogni sfida che aveva affrontato. Ogni ostacolo superato era diventato una forza, ogni deviazione era una lezione, ogni curva un nuovo inizio.

Il viaggio del fiume non era stato solo un cammino tra montagne e valli, ma una scoperta interiore, un processo di trasformazione che gli aveva permesso di riconoscere e accettare la sua stessa natura: la capacità di scorrere, di adattarsi, di avanzare.

LEGENDA

Contenuto: Il racconto del fiume che scorre tra ostacoli e trova sempre una via rappresenta la resilienza e la capacità di adattamento. Il fiume è metafora della vita stessa: come le persone, affronta situazioni impreviste e trova modi per avanzare, sviluppando la flessibilità necessaria per superare le difficoltà.

Utilità: Questo racconto è utile per pazienti che vivono situazioni di stallo, difficoltà o stress. La metafora del fiume permette al paziente di esplorare l'idea che ogni ostacolo possa essere superato, e che la sua vera natura è quella di adattarsi, trasformarsi e avanzare. Attraverso il racconto, il paziente può essere incoraggiato a riflettere sulle proprie capacità di resistenza e a riconoscere che dentro di sé ha le risorse per andare avanti.

Riferimenti Teorici: La metafora dell'acqua e della resilienza è in linea con l'approccio ericksoniano, che utilizza immagini naturali e universali per facilitare la ristrutturazione cognitiva e la scoperta di risorse interne. Milton Erickson enfatizzava l'uso di storie che parlano al livello inconscio, consentendo ai pazienti di accedere a risorse nascoste e di attivare nuove modalità di coping.

2. LA CASA NELLA FORESTA

Racconto Breve

Nel cuore di una foresta antica sorgeva una casa. Era una casa dimenticata, ricoperta di edera e circondata da alberi maestosi. Pochi la conoscevano e ancora meno la visitavano, ma chi vi entrava sentiva subito una sensazione di pace. La casa, benché vecchia, era accogliente e sembrava custodire segreti.

Un giorno, una persona decise di esplorarla. Mentre camminava da una stanza all'altra, notò che alcune stanze erano buie, altre erano chiuse da anni. Pian piano, però, aprì ogni porta, lasciando entrare la luce e riscoprendo angoli nascosti, ricordi e oggetti dimenticati.

Ogni stanza raccontava una storia diversa, e man mano che esplorava la casa, la persona iniziò a sentirsi più completa, come se ogni stanza le restituisse una parte di sé che aveva perduto. Alla fine della visita, si rese conto che la casa non era solo un edificio, ma un rifugio in cui poteva ritrovare e accogliere ogni aspetto della propria interiorità, un luogo di rinnovamento e accettazione.

Racconto Arricchito

C'era una volta una casa nascosta nel cuore di una foresta antica. Pochi conoscevano la sua esistenza, e ancora meno erano quelli che avevano osato avvicinarsi a essa. La casa era circondata da alberi maestosi, che si intrecciavano come guardiani, e avvolta da una fitta nebbia che, specialmente al mattino, le conferiva un aspetto misterioso e incantato. La struttura della casa era vecchia, le sue mura di pietra erano coperte di muschio e rampicanti che si erano arrampicati fino al tetto, quasi a volerla nascondere ancora di più agli occhi indiscreti. Tuttavia, sotto l'apparente trascuratezza, la casa manteneva una bellezza serena, come se custodisse segreti preziosi, conservati nel tempo e mai dimenticati.

Un giorno, un viaggiatore si trovò a passare per quella foresta. Era in cerca di qualcosa, sebbene non sapesse bene cosa. Forse pace, forse una risposta, forse una via d'uscita da qualcosa di indefinito. Vagava tra gli alberi in silenzio, quando scorse la casa, con le sue finestre scure e silenziose, e la porta leggermente socchiusa, come se fosse in attesa. Qualcosa lo attirava verso di essa, e con passo incerto, si avvicinò, notando i dettagli che la rendevano tanto affascinante quanto inquietante: le persiane, che un tempo dovevano essere state di un verde brillante, ora erano sbiadite e scrostate; il tetto era coperto da uno strato spesso di foglie, e le tegole apparivano irregolari, come se qualcuno le avesse spostate una a una con cura, per poi lasciarle lì, sospese nel tempo.

Arrivato alla porta, il viaggiatore la spinse con cautela, ed essa si aprì con un lieve cigolio, come un sospiro antico. Entrò nell'ingresso buio, e mentre i suoi occhi si abituavano alla penombra, iniziò a notare i contorni degli arredi. Gli sembrava di essere entrato in un luogo sospeso tra due mondi: uno fatto di luce e natura, fuori, e uno intriso di ombre e silenzi, dentro. L'aria era densa, ma non soffocante; portava con sé un odore di legno invecchiato e cera, come se qualcuno avesse acceso candele in quella casa molto tempo prima e il loro profumo fosse rimasto lì, imprigionato.

Il viaggiatore cominciò a esplorare le stanze una a una, lasciandosi guidare dalla curiosità. La prima stanza che visitò era una piccola sala con pareti rivestite di vecchi libri. Gli scaffali erano ricoperti di polvere, ma lui percepì subito che quei libri non erano lì per caso. Sfiorò con le dita una delle copertine e provò una strana sensazione, come se ogni libro contenesse una storia dimenticata, un ricordo, una lezione. Era come se quei libri stessero aspettando di essere letti, come se ogni pagina fosse pronta a raccontare una verità a chi avesse il coraggio di aprirla.

Proseguendo nel suo cammino, il viaggiatore arrivò in una stanza più grande, che sembrava essere stata una cucina. Anche lì tutto era fermo, in uno stato di quiete sospesa. Su un tavolo massiccio di legno giacevano oggetti abbandonati: un vecchio orologio da taschino, una lanterna spenta, e una mappa. Questi oggetti sembravano quasi simboli, segni lasciati da chi era passato prima di lui, come se ognuno di essi contenesse un messaggio. Il viaggiatore osservò l'orologio: le lancette si erano fermate, ma non era sicuro se il tempo stesso si fosse fermato in quella casa, o se fosse lui a essersi perso in un'illusione.

Poi, il viaggiatore notò una scala che saliva verso il piano superiore. Decise di salire, passo dopo passo, con il cuore che batteva lievemente più forte, come se ogni gradino lo portasse più vicino a una parte nascosta di sé. Arrivò in un lungo corridoio con diverse porte chiuse, tutte diverse tra loro.

C'era una porta dipinta di blu, un'altra di rosso scuro, e altre ancora in legno naturale, ognuna con un proprio carattere, come se rappresentassero capitoli di un libro che nessuno aveva mai letto fino in fondo.

Incuriosito, aprì la prima porta a sinistra e trovò una stanza con una grande finestra. La luce entrava delicata e illuminava una poltrona in pelle consunta, accanto a un camino spento. Guardandosi attorno, il viaggiatore si sentì avvolto da un senso di calma che non aveva mai provato. Era come se quella stanza custodisse un segreto di pace, una promessa di riposo. Si sedette per qualche istante sulla poltrona, lasciandosi andare a quella sensazione di pace e sentendosi parte di quel silenzio.

Poco dopo, si rialzò e aprì un'altra porta, trovandosi questa volta in una stanza senza finestre, illuminata solo da una piccola fessura sul soffitto. La stanza era vuota, ma le pareti erano dipinte con colori tenui, in strati di bianco e grigio. Si accorse di provare una sensazione di malinconia, quasi di perdita, come se quella stanza rappresentasse un ricordo dimenticato, un dolore sepolto. Rimase lì, in silenzio, per qualche minuto, permettendo a quella sensazione di esistere, senza sfuggirla. Fu come se, in quel momento, quella malinconia trovasse un modo per essere ascoltata.

Continuando la sua esplorazione, il viaggiatore passò da una stanza all'altra, scoprendo che ogni stanza conteneva una diversa atmosfera, un diverso stato d'animo. Una stanza era piena di specchi, altri erano oscurati, alcuni rotti, altri interi, e mentre si specchiava, vide volti, emozioni e ricordi, come se ogni specchio fosse uno sguardo diverso su di sé. Un'altra stanza era piena di oggetti d'infanzia: giocattoli di latta, vecchie fotografie e una coperta che odorava di nostalgia. Era come se quella casa contenesse tutte le tappe della sua vita, come se ogni porta lo portasse a scoprire un lato di sé che aveva dimenticato o ignorato.

Quando ebbe finito di esplorare ogni stanza, il viaggiatore si trovò di nuovo nell'ingresso. Guardò attorno e si rese conto che quella casa, apparentemente dimenticata, era in realtà un rifugio per ogni parte di lui. Ogni stanza, ogni oggetto, ogni ombra e ogni luce raccontavano un aspetto della sua storia, della sua identità. Capì che non era lì per caso; aveva trovato un luogo dove poter accettare ogni parte di sé, un luogo dove il tempo e lo spazio si fermavano per permettergli di ascoltare.

Con un ultimo sguardo, il viaggiatore uscì dalla casa e chiuse la porta. La foresta lo accolse di nuovo, ma lui non era più lo stesso. Aveva trovato nella casa non solo un rifugio, ma anche un luogo di guarigione, dove ogni ombra e ogni luce erano parte di un tutto. E mentre si allontanava, il suono dei suoi passi svaniva tra gli alberi, come un'eco che si perde nel silenzio, ma con la consapevolezza che quella casa, e tutto ciò che conteneva, sarebbe rimasta per sempre dentro di lui.

LEGENDA

Contenuto: La casa abbandonata, che diventa un luogo di scoperta, rappresenta l'esplorazione dell'inconscio e delle parti dimenticate di sé. Le stanze chiuse, che gradualmente vengono aperte e illuminate, simboleggiano i vari aspetti della psiche, alcuni dei quali potrebbero essere stati trascurati o repressi.

Utilità: Questo racconto è utile per lavorare su temi di autoaccettazione e integrazione delle parti di sé. Durante la trance ipnotica, il paziente può esplorare "stanze" della propria personalità o passato che sono state chiuse, accedendo a memorie o aspetti emotivi che potrebbero contribuire alla sua guarigione. Questa storia facilita l'integrazione, permettendo al paziente di considerare la propria interiorità come un rifugio sicuro, invece che un luogo da temere.

Riferimenti Teorici: La metafora della casa è utilizzata in diverse pratiche terapeutiche come strumento per accedere a parti nascoste del sé. In particolare, il costruttivismo, rappresentato da autori come George Kelly e Michael White, sostiene che esplorare e ristrutturare i costrutti personali (le "stanze" della mente) permette al paziente di creare una narrazione di sé più ricca e integrata

3. IL GIARDINO SEGRETO

Racconto Breve

Un giorno, una giovane donna scoprì, nascosto tra vecchie mura di pietra, un giardino abbandonato. Le piante erano avvolte dalle erbacce, e i fiori erano appassiti, ma lei sentiva che quel luogo aveva una bellezza segreta. Decise di dedicarsi a riportare il giardino alla sua antica gloria.

Ogni giorno, con pazienza, si prendeva cura di una pianta, estirpava un'erbaccia, ripuliva una pietra. All'inizio sembrava un compito enorme, ma con il tempo si accorse che il giardino rispondeva ai suoi sforzi. Le piante rinverdivano, i fiori rifiorivano, e in ogni angolo sbocciava una nuova vita.

Alla fine, il giardino divenne un luogo splendido, un rifugio di pace e bellezza. E la donna capì che quel giardino rappresentava la sua stessa anima: un luogo che, con attenzione e cura, poteva rifiorire, rivelando risorse e bellezze che non pensava di avere.

Racconto Arricchito

C'era una volta una giovane donna di nome Sofia che, durante una passeggiata in un pomeriggio d'autunno, scoprì qualcosa di sorprendente. Mentre vagava tra i campi ai margini della città, notò un vecchio cancello di ferro battuto, nascosto quasi del tutto da una fitta coltre di rampicanti. Sembrava che nessuno lo avesse aperto da anni: la vernice si era scrostata e l'edera si era arrampicata intorno alle sbarre, come dita che cercavano di nasconderlo al mondo. Qualcosa in quel cancello la incuriosì. Decise di avvicinarsi, spostando delicatamente i rami, e scoprì che, dietro al cancello, si intravedeva un giardino dimenticato.

Con qualche sforzo, spinse il cancello, che si aprì con un cigolio lamentoso. Entrò cautamente nel giardino, e ciò che trovò la lasciò senza fiato. Una volta, doveva essere stato un luogo magnifico: viali di ciottoli, aiuole disposte in cerchi armoniosi, una fontana al centro e un pergolato che, nonostante il tempo, lasciava intravedere ancora la bellezza della sua struttura in legno scolpito. Ma ora, tutto era coperto da erbacce, le aiuole erano soffocate da una miriade di piante selvatiche, e la fontana, un tempo splendente, era asciutta e coperta di muschio.

Sofia sentì una strana connessione con quel giardino abbandonato. Non sapeva spiegarsene il motivo, ma si sentiva come se quel luogo fosse parte di lei, come se anche lei, in qualche modo, si fosse trascurata, lasciando che certi sogni e desideri appassissero. Decise, senza esitare, che avrebbe riportato quel giardino alla vita.

Il giorno seguente tornò con alcuni attrezzi: cesoie, una zappa e una piccola pala. La sua intenzione era iniziare lentamente, un passo alla volta, togliendo le erbacce più grandi e liberando i sentieri coperti di foglie secche. Iniziò dal vialetto principale, sgombrando con pazienza ogni ciottolo dalle erbacce che vi si erano aggrappate. Lavorava con calma, respirando profondamente l'odore della terra e delle piante, e ogni gesto le sembrava come una danza silenziosa tra lei e il giardino. Nonostante il lavoro fosse lungo e faticoso, Sofia si accorse che, più puliva e liberava lo spazio, più sentiva una sorta di leggerezza dentro di sé, come se ogni erbaccia che estirpava le permettesse di liberarsi da un peso invisibile.

Col passare dei giorni, Sofia continuò a tornare. La sua routine divenne quella di dedicare ogni mattina un'ora o due alla cura del giardino. C'erano momenti in cui il lavoro sembrava insormontabile, specialmente quando incontrava cespugli aggrovigliati che le graffiavano le mani o quando scopriva piante che sembravano ormai morte. Ma lei non si lasciava scoraggiare. Iniziò a nutrire un affetto profondo per quel luogo, e ogni volta che entrava nel giardino, sentiva una pace particolare, come se tutto il mondo esterno rimanesse fuori e solo lei e il giardino esistessero.

Un giorno, mentre tagliava i rami secchi di un arbusto, si accorse di qualcosa di straordinario. Sotto la base contorta dell'arbusto, spuntava un piccolo germoglio verde, fragile ma tenace, che era riuscito a farsi strada attraverso la terra dura. Sofia si fermò e osservò quel germoglio, sentendo una profonda commozione. Era come se, nonostante tutti gli anni di abbandono, il giardino non avesse mai perso del tutto la speranza di rifiorire. Quella piccola pianta le sembrava un simbolo di resilienza, una promessa di rinascita.

Col tempo, la fontana tornò a splendere. Sofia la ripulì dal muschio, e alla fine riuscì persino a far scorrere nuovamente l'acqua. Quando vide il primo zampillo risalire, scintillando sotto il sole, provò un senso di gioia che non aveva mai conosciuto. Quel suono d'acqua che gorgogliava era come una musica, un canto di rinascita che si spargeva per tutto il giardino.

Continuò a prendersi cura di ogni angolo: piantò nuovi fiori nei colori che amava, portando violette, lavanda e tulipani, e osservò come ogni pianta trovava il suo posto. Riparò anche il pergolato, dove la vite selvatica iniziò a rifiorire, allungando i suoi tralci su ogni asse di legno. Con ogni nuova foglia, con ogni petalo che sbocciava, sentiva che una parte di sé tornava alla vita.

Il giardino, alla fine, divenne un rifugio splendido e pacifico. Anche le farfalle e gli uccelli cominciarono a visitarlo, riempiendolo di suoni e colori. Sofia si rese conto che, così come il giardino era rinato attraverso la sua cura, anche lei aveva trovato una parte di sé che non conosceva: la pazienza, la dedizione, la capacità di dare e ricevere bellezza. Ogni pianta, ogni fiore era un simbolo di questo rinnovamento.

Una sera, mentre si sedeva su una panchina nel giardino, osservando il tramonto, capì che il giardino era come la sua anima: un luogo che, anche quando trascurato e dimenticato, aveva dentro di sé la possibilità di rifiorire. Tutto ciò che serviva era tempo, pazienza e amore.

Mentre il sole calava, tingendo il cielo di rosa e arancio, Sofia sorrise e chiuse gli occhi, ascoltando il suono dell'acqua che scorreva e del vento che soffiava tra le foglie. Sapeva che quel giardino era ormai parte di lei, e che la sua bellezza, così come quella delle piante, non sarebbe mai più stata abbandonata.

LEGENDA

Contenuto: Il giardino trascurato, che viene riportato alla vita attraverso cure costanti, è una metafora della crescita personale. Rappresenta l'idea che, con il giusto tempo e la giusta attenzione, anche le parti apparentemente "abbandonate" o inaridite della psiche possano rifiorire.

Utilità: Questo racconto è particolarmente indicato per pazienti che hanno vissuto esperienze di fallimento o bassa autostima. La storia del giardino trascurato può aiutare il paziente a vedere che la crescita e la trasformazione sono possibili, anche quando le circostanze sembrano difficili. Può inoltre favorire la costruzione di un nuovo senso di sé, simile alla cura del giardino, dove la pazienza e l'accettazione diventano strumenti di guarigione.

Riferimenti Teorici: Il concetto di "cura del giardino interno" trova riscontro nell'opera di Carl Rogers, il quale sottolineava l'importanza di un clima di accettazione e attenzione in terapia per facilitare la crescita personale. Anche Erickson usava spesso metafore naturali e processi graduali come rappresentazioni del cambiamento psicologico e della ristrutturazione interna.

4. IL FARO SOLITARIO

Racconto breve

C'era un faro su una scogliera, eretto per guidare le navi durante le tempeste. Ogni notte, quando il cielo si copriva di nuvole e il mare si agitava, il faro accendeva la sua luce, spargendo un raggio sicuro sul mare scuro. Nonostante il vento e le onde, il faro continuava a brillare.

Una notte, una forte tempesta minacciò di spegnere la luce. Il vento soffiava impetuoso e la pioggia cadeva incessante, ma il faro rimase acceso. La tempesta, con il tempo, si placò, e all'alba il faro rimase saldo e illuminato, testimone del suo valore.

Il faro non poteva fermare le tempeste, ma poteva resistere e illuminare, anche nei momenti più difficili. E alla fine, comprese che la sua forza non era nel cambiare le onde, ma nel mantenere la propria luce interiore, a prescindere dalle circostanze esterne.

Racconto arricchito

C'era una volta un faro solitario, arroccato in cima a una scogliera affacciata sull'oceano. La sua struttura era robusta, costruita in pietra grigia che resisteva, anno dopo anno, alle tempeste e ai venti impetuosi che soffiavano dall'orizzonte. Il faro era lì da molto tempo, testimone silenzioso di tutte le storie che passavano attraverso il mare: navi, pescatori, marinai e migranti. Ogni notte, quando il sole scendeva e la linea dell'oceano si perdeva nell'oscurità, la luce del faro si accendeva, illuminando con il suo raggio costante le acque turbolente.

Il guardiano del faro, un uomo di nome Enea, viveva lì da solo. Enea era di poche parole, abituato a una vita tranquilla, scandita dai ritmi della natura e dal silenzio del mare. Aveva ereditato il compito di guardiano da suo padre e, prima di lui, suo nonno era stato il custode di quella luce. Per lui, il faro non era solo un edificio, ma una presenza amica, una compagna di vita che gli parlava ogni notte con il suo raggio luminoso e le sue pareti solide.

Enea conosceva ogni angolo di quella struttura: la scala a chiocciola che saliva verso la cima, ogni singolo gradino che cigolava sotto i suoi passi; le piccole finestre tonde che lasciavano entrare il vento salato; il grande obiettivo di Fresnel, che amplificava la luce e la lanciava verso l'orizzonte. Ogni sera, quando il sole tramontava e la luce del giorno svaniva, Enea saliva in cima al faro per accendere il grande meccanismo. Lo faceva con un senso di rispetto, come un antico rito, sapendo che, con quella luce, stava proteggendo chi viaggiava nelle acque nere dell'oceano.

Il faro non era solo una guida per le navi, ma anche un simbolo di stabilità. Ogni volta che una tempesta si avvicinava, il mare si ingrossava, e il cielo si oscurava, il faro restava fermo, con la sua luce che ruotava lenta, regolare, come un cuore che batteva incessantemente. I marinai, i pescatori e persino i gabbiani, quando vedevano la sua luce, trovavano conforto. Era come se il faro parlasse a ognuno di loro, dicendo: "Sono qui. Non importa quanto la tempesta sia forte, io non vi abbandonerò".

Una notte, una tempesta particolarmente violenta si abbatté sulla costa. Il vento ululava come una creatura furiosa, e le onde si infrangevano contro le scogliere con tale forza che il mare sembrava voler inghiottire tutto. Il cielo era scuro, senza stelle, e i fulmini illuminavano per un attimo le onde spaventose, rivelando la loro potenza minacciosa. Enea, all'interno del faro, sentiva le pareti vibrare sotto la furia del vento, ma non provava paura. Sapeva che quella costruzione era solida, e che era lì per una ragione.

Salì in cima, dove la lanterna girava senza sosta, e osservò il mare attraverso il vetro. Sentiva la responsabilità di quella luce, come se fosse l'ultimo punto fermo in un mondo che stava per essere sommerso dall'oscurità. Ogni rotazione del faro era un respiro, un segnale di vita, e con ogni raggio che attraversava il mare, Enea sentiva come se stesse inviando un messaggio ai marinai, ai pescatori e a chiunque fosse là fuori, sperduto in quel tumulto.

Per ore, la tempesta infuriò. Enea restò al suo posto, accanto alla luce, osservando l'oceano scuro. Il vento fischiava intorno alla torre, e la pioggia batteva contro i vetri come mille dita che bussavano. Eppure, il faro rimase saldo, la sua luce imperturbabile. Non cercava di combattere la tempesta, non si opponeva alla furia del mare; semplicemente, continuava a illuminare, senza chiedere nulla in cambio, senza sperare in nulla, solo facendo ciò per cui era stato creato.

Mentre la notte avanzava, Enea notò una piccola barca che lottava tra le onde, spinta in ogni direzione dalla forza del mare. Dal suo punto di osservazione, poteva vedere le difficoltà dei marinai che cercavano disperatamente di mantenere il controllo dell'imbarcazione. Enea si concentrò, regolando la luce in modo che il raggio fosse più preciso e brillante, come se volesse dare alla barca un filo sottile a cui aggrapparsi.

I marinai a bordo videro il fascio di luce e, con uno sforzo disperato, riuscirono a seguire quella guida luminosa, avvicinandosi sempre più alla costa. Era una battaglia contro la natura, ma il faro era lì, come un amico fidato che non avrebbe mai voltato loro le spalle. Infine, con un ultimo sforzo, la barca raggiunse la sicurezza della riva, lasciandosi alle spalle la furia del mare.

Quando la tempesta si calmò e l'alba iniziò a spuntare all'orizzonte, Enea scese lentamente i gradini del faro. Sentiva una stanchezza profonda, ma anche una pace interiore che solo chi ha compiuto il proprio dovere può comprendere. Mentre camminava sulla spiaggia, notò i marinai della barca naufragata che, da lontano, gli facevano un cenno di ringraziamento. Non scambiarono parole, ma lo sguardo che si scambiarono diceva tutto: grazie per essere rimasto, per aver offerto una luce quando il buio era più profondo.

Enea tornò al faro, sapendo che, anche se il mare avesse scatenato altre tempeste, il suo compito sarebbe stato lo stesso: restare, illuminare, offrire un punto fermo. Il faro non era solo una struttura, ma una lezione di costanza, di forza interiore. Capì che il suo compito non era cambiare il mare o fermare le tempeste, ma mantenere la luce accesa, permettendo a chiunque fosse là fuori di trovare la propria strada.

LEGENDA

Contenuto: Il faro rappresenta la stabilità e la sicurezza interiore, una presenza costante che resiste anche di fronte a situazioni tempestose. La luce del faro è simbolo della consapevolezza e della capacità di illuminare la strada anche nei momenti difficili.

Utilità: Questo racconto è particolarmente utile per pazienti che stanno attraversando periodi di crisi o che si sentono disorientati. La metafora del faro può aiutare il paziente a riconoscere la propria capacità di mantenere una luce interiore, anche quando il mondo esterno è incerto o ostile. Questo racconto permette al paziente di esplorare il concetto di forza interna e di resilienza emotiva.

Riferimenti Teorici: La metafora del faro è compatibile con l'approccio costruttivista, che invita i pazienti a costruire e mantenere un senso di sé solido e stabile. Autori come Michael White e David Epston, pionieri della terapia narrativa, sostengono che costruire narrazioni di resilienza e forza interna permette ai pazienti di riscoprire aspetti potenti e stabili della propria identità, che possono fungere da guida anche nei momenti difficili.

5. LA MONTAGNA E IL VIAGGIATORE

Racconto breve

Un viaggiatore decise di scalare una montagna alta e imponente, attirato dal desiderio di vedere il mondo da una nuova prospettiva. All'inizio del viaggio, si sentiva pieno di energia e fiducia, ma man mano che il sentiero si faceva più ripido, la salita divenne sempre più ardua.

Iniziò a dubitare di se stesso, a chiedersi se avrebbe mai raggiunto la vetta. Ma, ogni volta che sentiva la stanchezza, si ricordava perché aveva iniziato quel cammino. Lentamente, passo dopo passo, superò rocce, sentieri impervi e ostacoli inaspettati. E ogni volta che si fermava per riposare, poteva vedere il panorama che si allargava sotto di lui, scoprendo una bellezza che non avrebbe mai potuto immaginare.

Quando finalmente raggiunse la cima, comprese che il viaggio non era solo per arrivare in vetta, ma per scoprire la propria forza e resistenza. La montagna non era più un ostacolo, ma un testimone del suo coraggio e del suo impegno, una guida che gli aveva insegnato a credere in se stesso.

Racconto arricchito

C'era una volta un viaggiatore di nome Luca che, da anni, coltivava un sogno: raggiungere la cima di una montagna alta e imponente, nota per la sua bellezza e per la difficoltà del percorso. La montagna si ergeva fiera all'orizzonte, con le sue cime spesso nascoste dalle nubi, e rappresentava per lui un obiettivo sfidante, un luogo misterioso da esplorare. Luca sapeva che non sarebbe stato facile. La gente del villaggio gli raccontava spesso storie su quel picco: delle rocce scivolose, delle pareti scoscese e del vento gelido che spazzava la vetta. Ma più ascoltava queste storie, più sentiva dentro di sé un desiderio inarrestabile di affrontare quella sfida.

Un mattino d'estate, con il cielo limpido e un sole che prometteva calore, Luca preparò il suo zaino, riempiendolo di tutto il necessario: una borraccia piena d'acqua, un po' di pane, una coperta per il freddo, e una bussola che lo aiutasse a mantenere la rotta. Portava anche un piccolo diario, dove annotava pensieri e impressioni del viaggio, una sorta di guida intima che lo avrebbe accompagnato in quella solitaria impresa. Con il cuore palpitante e la mente piena di aspettative, Luca iniziò la sua scalata.

All'inizio, il sentiero era semplice e chiaro. I primi passi erano circondati da alberi verdi, uccelli che cantavano e un ruscello che scorreva placido accanto a lui. Sentiva il suono dell'acqua e il fruscio delle foglie, e ogni tanto si fermava a respirare l'aria fresca e a godersi la vista che già si apriva sotto di lui. Ogni passo lo portava più in alto, e guardando indietro poteva vedere il villaggio diventare sempre più piccolo, una macchia lontana che sembrava parte di un altro mondo.

Man mano che saliva, però, il sentiero diventava sempre più ripido e accidentato. I suoi passi si facevano più lenti, e il fiato più corto. Luca si rese conto che la vera sfida stava appena iniziando. Incontrò il primo tratto roccioso, dove il terreno era irregolare e coperto di sassi. Ogni passo richiedeva attenzione, e più di una volta dovette fermarsi, appoggiarsi a una roccia e riprendere fiato. Sentiva le gambe indolenzite, e per un attimo pensò che forse non sarebbe riuscito a raggiungere la cima.

Dopo un tratto particolarmente difficile, si fermò a osservare il panorama sotto di lui. La vista era spettacolare: colline ondulate, campi verdi e un fiume che serpeggiava tra le valli come un nastro d'argento. Luca si rese conto che, anche se la vetta era ancora lontana, ogni metro guadagnato gli regalava una nuova prospettiva, un pezzo di mondo che non aveva mai visto prima. Riprese il cammino con una nuova consapevolezza, portando con sé l'idea che ogni sforzo, ogni fatica, erano parte di quel viaggio, e che ogni passo contava.

La salita proseguì, e Luca si trovò a dover affrontare un tratto particolarmente insidioso: una scarpata ripida e scivolosa, dove il vento soffiava forte, come se volesse metterlo alla prova. Il vento gli scompigliava i capelli e gli sferzava il viso, portando con sé il profumo della roccia e dell'erba secca. Luca sentì un brivido, una sorta di rispetto reverenziale per quella montagna che sembrava volerlo sfidare. Si fermò, appoggiò una mano su una roccia e chiuse gli occhi per un istante, lasciando che il vento gli parlasse. Sentì una voce silenziosa, un invito a proseguire, ma con pazienza e umiltà.

Continuò a salire, e quando arrivò a un tratto pianeggiante, decise di fare una sosta. Sedette su una roccia e tirò fuori il pane e l'acqua. Mentre mangiava, si guardava intorno: le piante erano basse e sparse, e alcune fessure della roccia erano ricoperte di licheni verdi e argentei. Una piccola farfalla si posò vicino a lui, e Luca la osservò, stupito della sua delicatezza in un luogo così selvaggio. Era come se anche quella farfalla avesse trovato il coraggio di arrivare fin lassù, portando con sé un messaggio di bellezza e fragilità.

Dopo la sosta, riprese il cammino, affrontando l'ultimo tratto, il più arduo. La vetta era vicina, ma la salita si faceva sempre più ripida, e ogni passo sembrava richiedere tutta la sua forza. Luca sentiva il peso dello zaino sulle spalle, il sudore che gli scorreva sulla fronte, e la stanchezza che appesantiva le gambe. Ma ogni volta che pensava di fermarsi, guardava verso la cima, intravedendola tra le nubi, e sentiva una forza misteriosa che lo spingeva avanti. Era come se la montagna stessa lo stesse aspettando.

Finalmente, dopo ore di cammino, Luca raggiunse la vetta. Si fermò, senza fiato, e guardò il mondo sotto di lui. Era come trovarsi sospeso tra cielo e terra: il villaggio lontano, le colline, le foreste e il mare in lontananza, tutto sembrava così piccolo, quasi irreale. Sentì il vento gelido sulla pelle, ma questa volta non gli importava. Era arrivato.

Si sedette su una pietra e prese il suo diario. Sfogliò le pagine, rileggendo le sue annotazioni: le difficoltà incontrate, le soste fatte, i panorami che lo avevano lasciato senza parole. Ogni riga era una testimonianza di quel viaggio, ogni parola un ricordo del coraggio che aveva trovato dentro di sé. Scrisse qualche altra parola, descrivendo la vista dalla vetta e il senso di pace che lo pervadeva.

Rimase lì, in silenzio, per un tempo indefinito, come se quella vetta gli stesse donando una consapevolezza nuova. Capì che la montagna non era solo un obiettivo da raggiungere, ma una guida che gli aveva insegnato qualcosa di prezioso: la pazienza, la forza interiore, e la capacità di apprezzare ogni passo, anche i più faticosi. La vetta non era il fine, ma una parte di un cammino più grande, una trasformazione che lo aveva reso più consapevole di sé.

Quando il sole iniziò a scendere, tingendo di rosso e arancio il cielo, Luca decise che era tempo di scendere. Si alzò, guardò un'ultima volta il panorama e sorrise. La montagna, con le sue sfide, gli aveva mostrato ciò che era in grado di fare, e mentre scendeva, si sentiva più leggero, portando con sé una nuova forza, un nuovo equilibrio. Sapeva che ogni passo compiuto lo avrebbe accompagnato per sempre, come un ricordo vivo, una prova della sua capacità di affrontare e superare ogni difficoltà.

LEGENDA

Contenuto: La montagna rappresenta una sfida e, allo stesso tempo, una metafora del viaggio interiore verso la conoscenza di sé. La fatica e la perseveranza del viaggiatore simboleggiano il coraggio e la capacità di superare le avversità, scoprendo nuove risorse personali a ogni passo.

Utilità: Questo racconto può essere utilizzato per aiutare i pazienti a confrontarsi con sfide personali e a sviluppare la fiducia nella propria capacità di affrontare situazioni difficili. La scalata della montagna è una metafora potente per i pazienti che si trovano di fronte a cambiamenti o decisioni difficili. In trance, il paziente può esplorare l'idea che ogni passo compiuto rafforza le sue capacità, costruendo una narrazione di perseveranza e autorealizzazione.

Riferimenti Teorici: La metafora del viaggio e della montagna è utilizzata spesso in terapia per rappresentare la crescita personale e la scoperta di sé. Milton Erickson applicava spesso il concetto di viaggio nelle sue storie terapeutiche, sostenendo che ogni passo verso la risoluzione di un problema rafforza il senso di efficacia personale. Anche Carl Jung, pur non essendo direttamente legato all'ipnosi costruttivista, utilizzava l'immagine della montagna e del viaggio per rappresentare l'individuazione e la scoperta di risorse interiori.

CONCLUSIONI

Questi racconti rappresentano strumenti flessibili e potenti per l'ipnosi costruttivista. Ogni racconto è concepito per guidare il paziente in un processo di riflessione e ristrutturazione cognitiva, facilitando l'accesso a risorse interiori e promuovendo cambiamenti terapeutici significativi. Gli approcci di Milton Erickson, David Epston, Carl Rogers e George Kelly sottolineano l'importanza delle metafore e delle narrazioni come mezzi per favorire il cambiamento, fornendo al paziente l'opportunità di reinterpretare e ristrutturare le proprie esperienze in un contesto di sicurezza e scoperta.

Attraverso l'esplorazione delle metafore di resilienza, integrazione e forza interiore, i pazienti possono costruire nuove narrazioni di sé che supportano la crescita e la guarigione, arricchendo la loro capacità di affrontare le difficoltà e rafforzando il loro senso di identità.

Indice